Amical A1

LIVRE DE L'ÉLÈVE

Sylvie Poisson-Quinton
Évelyne Siréjols

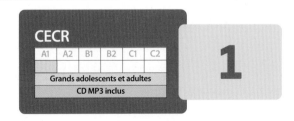

CECR

A1	A2	B1	B2	C1	C2

Grands adolescents et adultes
CD MP3 inclus

1

WWW.CLE-INTER.COM

CLE
INTERNATIONAL

Édition : Christine Grall
Couverture : Fernando San Martín
Mise en pages : AMG
Recherche iconographique : Clémence Zagorski
Illustrations : Jean-Pierre Foissy
Cartographie : Jean-Pierre Crivellari
Enregistrements : Studio Corby

Avant-propos

Amical est une méthode qui s'adresse à des débutants complets, adultes ou grands adolescents, particulièrement à ceux dont la langue et la culture sont éloignées du français.

Elle est prévue pour une centaine d'heures, chaque leçon correspondant à deux séquences d'une heure et demie à deux heures, selon que les exercices sont faits en classe ou bien en partie en classe et en partie comme devoirs à la maison.

Le livre de l'élève comprend vingt-quatre leçons. Chaque leçon se décompose ainsi :

- une partie «**leçon**» proprement dite sur une double page : deux ou trois courts dialogues enregistrés suivis d'une vérification de la compréhension orale, d'exercices de phonétique, d'une page d'explications lexicales et grammaticales et enfin d'une brève mise en situation permettant une réappropriation des contenus ;
- une partie «**exercices**» sur une autre double page : exercices de grammaire et de lexique portant sur les contenus de chaque leçon mais aussi exercices davantage tournés vers une production orale et écrite plus personnelle.

Objectifs du manuel

- Donner aux apprenants débutants complets des savoirs et surtout des savoir-faire qui les aident à «entrer» dans la langue et assez vite à pouvoir se débrouiller en situation d'interaction avec des natifs. C'est pourquoi l'accent est mis dès la première leçon sur les «mots pour communiquer» : comment saluer, remercier, s'excuser, prendre congé, proposer quelque chose, accepter, refuser… ? Savoir utiliser ces «petits mots» donnera confiance aux apprenants ; ils constateront que ce sont des «sésames» qui facilitent le contact avec les francophones.
- Donner les outils de base (structures grammaticales, lexique) indispensables soit pour «survivre» dans les situations quotidiennes dans le pays «cible» (demander et donner des nouvelles de quelqu'un, s'informer sur quelque chose ou sur quelqu'un, acheter quelque chose, proposer une sortie…), soit dans leur propre pays lors des contacts avec des francophones.
- Leur apporter quelques éléments leur permettant de comprendre certaines règles du «savoir vivre ensemble» (quand tutoyer quelqu'un, par exemple ; comment aborder un inconnu, comment s'excuser dans telle ou telle situation…).

À la fin de chaque Unité, une page «**Récapitulons**» fait le point sur l'essentiel de ce qui a été acquis pendant les quatre leçons de l'Unité et donne quelques pistes pour l'auto-apprentissage.

En guise de conclusion est proposée une **évaluation autocorrective des connaissances** sur trois pages (Grammaire/Vocabulaire/Civilisation : la France, les Français et les francophones).

À la fin du manuel, on trouvera un **précis grammatical** et des **tableaux de conjugaisons**, ainsi qu'un **lexique en cinq langues** reprenant le vocabulaire des 24 leçons.

Un **MP3** contenant les enregistrements des documents audio, ainsi qu'un livret fournissant les corrigés et les transcriptions des exercices sont inclus dans le livre de l'élève.

Accompagnant le livre de l'élève, un **Cahier d'exercices** comprenant de très nombreuses activités orales et écrites permet de s'entraîner à la maison. Des séquences «Entraînement pour le DELF» sont proposées, ainsi qu'un «Spécial entraînement DELF» dans le format de l'examen (DELF A1) à la fin du Cahier.

Tableaux des contenus

Unité 1 : Un, deux, trois... Contact !

Leçon	Savoir-faire	Grammaire	Vocabulaire	Phonétique
LEÇON 0 **Bonjour !**	• se repérer dans la langue française		• les mots déjà connus • les nombres	• les sons du français
LEÇON 1 **Contact !**	• saluer, demander quelque chose, remercier	• *moi/vous* • *c'est moi*	• *bonjour*, *au revoir* • *s'il vous plaît*, *merci* • *ça va*	• les mots pour prendre contact
LEÇON 2 **Vous êtes français ?**	• se présenter, poser une question (1), s'excuser	• *je/vous* • verbe *être* • masc./fém. (1)	• nationalités (1) • professions (1)	• masc./fém. des adjectifs (1)
LEÇON 3 **Toi aussi, tu es japonaise ?**	• poser une question (2)	• *vous/tu* • verbes *connaître*, *habiter*, *parler* • masc./fém. (2) • *c'est* + adjectif	• nationalités (2) • professions (2)	• les liaisons (1) • travail sur le rythme
LEÇON 4 **Désolée, je suis touriste**	• révisions Unité 1	• révisions Unité 1 • *il/elle* • masc./fém. (3)	• révisions Unité 1	• masc./fém. des adjectifs (2) • travail sur le rythme et l'intonation

- **Civilisation** – Paris/France, capitale Paris
- **Récapitulons** – Conseils pour apprendre

Unité 2 : Qu'est-ce que vous aimez ?

Leçon	Savoir-faire	Grammaire	Vocabulaire	Phonétique
LEÇON 5 **Qu'est-ce que tu aimes ?**	• parler de soi • exprimer ses goûts, ses préférences	• *aimer* + nom/ + infinitif • sing./plur. (1) • les articles définis • la phrase négative	• les loisirs (1), le sport	• les lettres « muettes » • l'accent d'insistance
LEÇON 6 **Vous avez quel âge ?**	• poser une question (3) • décrire quelqu'un (1) • demander et dire l'âge	• sing./plur. (2) • verbe *avoir* • les articles indéfinis • *Qui est-ce ?/Qu'est-ce que c'est ?*	• professions (3) • activités	• les liaisons (2)
LEÇON 7 **Vous venez avec moi ?**	• proposer quelque chose (1) • accepter, refuser	• *ils, elles* • articles définis ou articles indéfinis ? • l'article contracté (*à* + *le* → *au*) • verbes *aller/venir* (1)	• les loisirs (2) • les spectacles	• les sons [e] et [ɛ]
LEÇON 8 **Elle est comment ?**	• révisions Unité 2 • décrire quelqu'un (2)	• révisions Unité 2 • masc./fém. (4)	• révisions Unité 2	• masc./fém. des adjectifs (3)

- **Civilisation** – Ils parlent tous français !
- **Récapitulons** – Conseils pour apprendre

Unité 3 : Faire des projets

Leçon	Savoir-faire	Grammaire	Vocabulaire	Phonétique
LEÇON 9 **Qu'est-ce qu'on achète ?**	• faire des achats (1) • poser une question (4)	• sing./plur. (3) • l'expression de la quantité (1) • *il faut* + nom	• faire des achats • parler des prix et des quantités	• les sons [ə] et [e] • l'accent exclamatif
LEÇON 10 **C'est l'anniversaire de Marion**	• faire des achats (2) • organiser un repas	• les articles partitifs • l'expression de la quantité (2) • *je voudrais* • *il faut* + infinitif	• les aliments, les ingrédients, faire un menu	• les sons [œ] et [ø]
LEÇON 11 **C'est loin ?**	• se situer dans l'espace (1) • demander son chemin	• *vouloir* + infinitif • *c'est* + adverbe • l'impératif (1) • *quelqu'un*	• l'orientation (*près, loin, à droite, à gauche*) • les moyens de transport (1)	• les sons [u] et [y]
LEÇON 12 **Je voudrais voir ça…**	• révisions Unité 3 • se situer dans l'espace (2)	• révisions Unité 3 • l'impératif (2) • *aller/venir* (2) • *chez*	• révisions Unité 3 • les moyens de transport (2)	• les sons [wa], [wi], [wɛ̃]

• **Civilisation – Les grands sites touristiques en France**

• **Récapitulons – Conseils pour apprendre**

Unité 4 : Qu'est-ce que vous avez fait hier ?

Leçon	Savoir-faire	Grammaire	Vocabulaire	Phonétique
LEÇON 13 **Quelle heure est-il ?**	• l'heure (1) • se situer dans le temps (1)	• le futur proche • verbes pronominaux	• les activités du matin	• le son [ʀ] en initiale, à l'intérieur d'un mot et en finale
LEÇON 14 **Je voudrais un rendez-vous…**	• l'heure (2) • se situer dans le temps (2) • prendre rendez-vous	• *pouvoir* + infinitif • *tout, toute* • *quel, quelle*	• l'emploi du temps • les horaires	• révision du son [ʀ]
LEÇON 15 **Qu'est-ce que tu as fait hier?**	• se situer dans le temps (3) • parler d'actions passées • parler de sa famille (1)	• le passé composé avec *avoir* (1) • les adjectifs possessifs (1)	• les activités du week-end • la famille (1)	• distinguer le présent du passé composé (*je mange/ j'ai mangé*)
LEÇON 16 **Une famille de toutes les couleurs**	• révisions Unité 4 • se situer dans le temps (4) • parler de sa famille (2)	• révisions Unité 4 • le passé composé avec *avoir* (2) • les adj. possessifs (2) • la place des adjectifs	• révisions Unité 4 • la famille (2)	• travail sur le rythme (exercices d'amplification)

• **Civilisation – La famille en France**

• **Récapitulons – Conseils pour apprendre**

Unité 5 : Vous êtes arrivés quand ?

Leçon	Savoir-faire	Grammaire	Vocabulaire	Phonétique
LEÇON 17 Après le bac...	• expliquer son parcours • parler de ses projets professionnels	• le passé composé avec *avoir* (3) • le passé composé avec *être* (1)	• les études • le travail • le CV	• les nasales [ɑ̃], [ɔ̃], [ɛ̃]
LEÇON 18 Ici et là !	• décrire son travail • parler de la biographie de quelqu'un	• le passé composé avec *avoir* (4) • le passé composé avec *être* (2) • prépositions et noms de pays (1)	• les voyages • les pays • une biographie	• les sons [ʃ] et [ʒ]
LEÇON 19 On part au soleil ?	• parler du temps, des saisons • raconter ses vacances	• les verbes impersonnels • le passé composé avec *être* (3) : les verbes pronominaux	• le temps, la météo • les activités de vacances	• révision des nasales [ɑ̃], [ɔ̃], [ɛ̃]
LEÇON 20 C'est la rentrée	• révisions Unité 5	• révisions Unité 5 • prépositions et noms de pays (2)	• révisions Unité 5 • les études, l'université	• les sons [s] et [z]

• **Civilisation – Le calendrier universitaire**
• **Récapitulons – Conseils pour apprendre**

Unité 6 : Avant, c'était très différent

Leçon	Savoir-faire	Grammaire	Vocabulaire	Phonétique
LEÇON 21 C'était un homme très élégant...	• décrire quelqu'un • raconter quelque chose avec les circonstances (1)	• l'imparfait (1) • la comparaison (1) • les pronoms COD (1) • le verbe *devoir* et *savoir*	• les vêtements • les couleurs	• les sons [ɔ] et [o] • l'expansion de la phrase
LEÇON 22 C'était il y a longtemps...	• raconter quelque chose avec les circonstances (2) et les commentaires (1)	• l'imparfait (2) • *il y a* + durée • les pronoms COD (2)	• la vie quotidienne dans les années 1950 • une inondation en 1910	• révision du son [ɛ] • *in-* et *im-* devant consonne
LEÇON 23 Il est devenu célèbre !	• raconter quelque chose avec les circonstances (3) et les commentaires (2)	• relations imparfait/passé composé (1) • les pronoms COI (1) • la comparaison (2)	• rencontres • itinéraires de vie	• le son [ɥ] : la nuit • l'intonation de la surprise
LEÇON 24 Faits divers	• comprendre un fait divers (à la radio, dans la presse)	• relations imparfait/passé composé (2) • les pronoms COI (2) • l'expression de la cause	• le vocabulaire du fait divers	• le son [j]

• **Civilisation – Les Français et les médias**
• **Récapitulons – Apprendre en autonomie**

Mode d'emploi

Dialogue 1. Un premier dialogue, très court, pour introduire l'essentiel des contenus lexicaux et grammaticaux de la leçon.

Lexique. Liste des mots nouveaux classés par nature (noms, verbes…) – Mots ou expressions servant à communiquer et manières de dire (expressions idiomatiques).

Compréhension orale 1. Une ou deux questions pour vérifier la compréhension orale du dialogue 1.

Grammaire. Explications illustrées d'exemples sur les points de grammaire apparus dans la leçon.

Unité 1   Un, deux, trois… Contact !

Leçon **3**

Toi aussi, tu es japonaise ?

1 Vous êtes Anne Mérieux, n'est-ce pas ?
– Pardon, madame. Vous êtes Anne Mérieux, n'est-ce pas ?
– Oui. C'est moi.
– Vous êtes professeur d'économie à Genève ?
– Oui.
– Alors, vous connaissez monsieur Latournelle ?
– Paul Latournelle ? Oui, bien sûr !

Compréhension orale
Écoutez et complétez.
– Vous êtes Anne Mérieux, n'est-ce pas ?
– Oui. C'est .

2 C'est joli, Yukiko !
– Salut ! Moi, c'est Paul ! Et toi ?
– Yukiko.
– C'est joli, Yukiko ! Japonaise ?
– Oui. Et toi ?
– Je suis français… Et toi aussi, tu es japonaise ?
– Non, pas du tout ! Moi, je suis américaine.
Je m'appelle Jenny.
– Tu parles très bien français ! Tu habites ici ?
– Oui, oui, j'habite à Paris. Je suis étudiante. Et toi ?
– Oui. Et je travaille aussi dans un restaurant.
– Hum… C'est très intéressant !

Compréhension orale
Cochez la bonne réponse.
a. Moi, c'est Jenny. Je suis…
☐ japonaise
☐ américaine
☐ française
b. Moi, c'est Paul. Je suis…
☐ étudiant
☐ professeur
☐ journaliste

Verbes
connaître
habiter (à)
parler

Pronoms et noms
toi, tu
un(e) étudiant(e)
un restaurant

Adjectifs
américain(e)
intéressant(e)
joli(e)

Mots invariables
dans
et
ici

Pour communiquer
Pardon ?
Salut !
Ah bon !
Vous êtes…
N'est-ce pas ?
Pas du tout

Manières de dire
Bien sûr !
Moi, c'est X

Grammaire

■ **Conjugaison**
– le verbe *être* (2) → Je suis …/Tu es …/Vous êtes …
    – Tu es japonaise ? – Non, je suis américaine. Et vous, vous êtes français ?
    – Vous êtes étudiant ? – Non je suis professeur.
– le verbe *habiter*   J'habite à Paris – Tu habites à Paris – Vous habitez à Paris
– le verbe *s'appeler*   Je m'appelle … – Tu t'appelles … – Vous vous appelez …
– le verbe *parler*   Je parle français – Tu parles français – Vous parlez français
– le verbe *travailler*   Je travaille – Tu travailles – Vous travaillez
– le verbe *connaître*   Je connais Paris – Tu connais Nice – Vous connaissez Jenny

■ **La différence entre *tu* et *vous***

Pardon, monsieur, vous êtes professeur ?
Tu es étudiante ?
Excusez-moi, Vous parlez anglais ?

■ **Le masculin et le féminin (2)**
étudiant/étudiante mais attention professeur/professeur – journaliste/journaliste

■ **C'est + adjectif masculin**   C'est intéressant – C'est joli

■ **Habiter à + ville**   Vous habitez à Tokyo ? – J'habite à Paris.

■ **Parler + langue (masculin singulier)**
    Vous parlez très bien français !

Jeu de rôle

Présentez-vous. Utilisez les verbes *s'appeler, être, habiter, parler*…
Jane – américaine – Chicago – étudiante à Paris – langues : anglais/français
Horu – japonais – étudiant à Kobe – stagiaire à Paris – langues : japonais/anglais/français
Elsa – française – étudiant à Nice – langues : français/anglais
Kate – anglaise – Londres – professeur d'anglais à Nice – langues : français/anglais

---

Phonétique

■ **Les liaisons**
Écoutez et répétez :
intéressant   c'est intéressant   c'est très intéressant

■ **Rythme**
Écoutez et répétez :
Vous habitez ici ?   Vous habitez ici, à Paris ?

Dialogue 2. Un second dialogue, plus long, reprenant et développant ce qui a été amorcé dans le premier dialogue.

Jeu de rôle. Activité permettant de s'approprier les nouveaux contenus lexicaux et grammaticaux de la leçon.

Compréhension orale 2. Une ou deux questions pour vérifier la compréhension orale du dialogue 2.

Phonétique. Un ou deux exercices portant sur la phonétique, le rythme ou l'intonation expressive.

Leçon 0 — Bonjour !

1 🔊 **Écoutez et entourez la phrase en français.**

1   2   3   4   5

2 *A comme… amour* – **Vous connaissez des mots français. Lesquels ?**

- ☐ **a.** l'amour
- ☐ **b.** un bistrot
- ☐ **c.** un coiffeur
- ☐ **d.** difficile
- ☐ **e.** l'espérance
- ☐ **f.** facile
- ☐ **g.** une gare
- ☐ **h.** un hôpital
- ☐ **i.** une idée

- ☐ **j.** un journal
- ☐ **k.** un kilo
- ☐ **l.** la littérature
- ☐ **m.** merveilleux
- ☐ **n.** Non !
- ☐ **o.** Oui !
- ☐ **p.** Pardon !
- ☐ **q.** quatre
- ☐ **r.** un rêve

- ☐ **s.** Silence !
- ☐ **t.** toujours
- ☐ **u.** utile
- ☐ **v.** vrai
- ☐ **w.** wagon
- ☐ **x.** xénophobe
- ☐ **y.** le yoga
- ☐ **z.** un zoo

3 **Un (1) texte est en français. Lequel ?**

a.
> Alla människor äro födda fria och lika i värde och rättigheter. De äro utrustade med förnuft och samvete och bör handla gentemot varandra i en anda av broderskap.

b.
> Tous les êtres humains naissent libres et égaux en dignité et en droits. Ils sont doués de raison et de conscience et doivent agir les uns envers les autres dans un esprit de fraternité.

c.
> Todos os seres humanos nascem livres e iguais em dignidade e em direitos. Dotados de razão e de consciência, devem agir uns para com os outros em espírito de fraternidade.

d.
> Все люди рождаются свободными и равными в своем достоинстве и правах. Они наделены разумом и совестью и должны поступать в отношении друг друга в духе братства.

e.
> Tutti gli esseri umani nascono liberi ed eguali in dignità e diritti. Essi sono dotati di ragione e di coscienza e devono agire gli uni verso gli altri in spirito di fratellanza.

4 **Regardez la carte de la France (page 2 de couverture). La France a une frontière avec…**

a. la B......................................

b. le L......................................

c. l'A......................................

d. la S......................................

e. l'I......................................

f. l'E......................................

5 **On parle français… ? Cochez les pays où on parle français.**

☐ **a.** en Suisse   ☐ **e.** en Tunisie   ☐ **h.** au Sénégal

☐ **b.** au Brésil   ☐ **f.** en Belgique   ☐ **i.** en Turquie

☐ **c.** au Japon   ☐ **g.** au Danemark   ☐ **j.** au Maroc

☐ **d.** au Canada

6 **Écoutez.**

Écoutez   Répétez   Regardez   Écrivez   Lisez

Reliez   Cochez   Complétez   Entourez   Barrez

7 **L'alphabet phonétique. Écoutez.**

Les voyelles	Les semi-voyelles	Les consonnes
[a] papa – samedi	[j] hier – réveil – travail	[p] pour – papa – la place
[e] bébé – je vais à l'école	[ɥ] huit – la nuit – et puis	[b] bien – bon – beau
[ɛ] le père – la mère – le frère	[w] oui – jouer – il voit	[d] demain – j'adore – dire
[i] merci – c'est facile		[t] toi – attends ! – le temps
[y] la rue – c'est sûr		[f] facile – difficile – offrir
[u] pour vous – sous		[v] voilà – l'hiver – un rêve
[ø] un peu – bleu – il pleut		[s] russe – ici – garçon
[œ] la sœur – la peur		[z] la musique – deuxième
[o] c'est beau – c'est faux		[k] d'accord – quand
[ɔ] il est fort – il dort – alors		[g] grand – un gâteau
[ə] le – me – te – se – de		[m] aimer – une femme
[ɑ̃] dix ans – français – le temps		[n] Bonne année !
[ɛ̃] un bain – du pain – rien		[l] le – la – belle – Paul
[ɔ̃] le pont – bon – mon oncle		[ʀ] rouge – arriver – amour
		[ʒ] je – jouer – rouge
		[ʃ] acheter – chocolat
		[ɲ] Espagne – le champagne

8 **Les 26 lettres de l'alphabet. Écoutez et répétez.**

a – b – c – d   m – n – o – p

e – f – g – h   q – r – s – t

i – j – k – l   u – v – w

      x – y – z

Remarque : b – c – d – g – p – t – v – w se terminent par le son [e].

9 Les nombres. Écoutez.

1 = un	14 = quatorze	40 = quarante
2 = deux	15 = quinze	50 = cinquante
3 = trois	16 = seize	60 = soixante
4 = quatre	17 = dix-sept	70 = soixante-dix
5 = cinq	18 = dix-huit	71 = soixante et onze
6 = six	19 = dix-neuf	72 = soixante-douze
7 = sept	20 = vingt	73 = soixante-treize…
8 = huit	21 = vingt et un	80 = quatre-vingts
9 = neuf	22 = vingt-deux	81 = quatre-vingt-un
10 = dix	23 = vingt-trois…	90 = quatre-vingt-dix
11 = onze	30 = trente	91 = quatre-vingt-onze
12 = douze	31 = trente et un	92 = quatre-vingt-douze…
13 = treize	32 = trente-deux…	100 = cent

10 **Mini-test sur la culture française**

Citez :

- deux écrivains français

  – ....

  – ....

- deux peintres français

  – ....

  – ....

- une actrice française

  – ....

- un acteur français

  – ....

- une chanteuse française

  – ....

- un chanteur français

  – ....

Un, deux, trois...
Contact !

Unité 1

Leçon

1

Contact !

1 Allô, Nicolas ? Bonjour. C'est moi, Émilie.

– Ah ! Bonjour ! Ça va ?
– Oui, ça va bien. Et vous ?
– Très bien, merci.

Compréhension orale

Cochez ce que vous entendez.
☐ C'est moi, Émilie.
☐ Bonjour, Émilie.

2 Tiens, Julie ! Bonjour !

– Ah ! Steve ! Bonjour ! Comment ça va ?
– Ça va, ça va.

Compréhension orale

Cochez ce que vous entendez.
☐ Ça va très bien.
☐ Ça va, ça va.

3 Bonjour, monsieur.

– Bonjour, madame. Une baguette, s'il vous plaît.
– Voilà.
– Merci. Au revoir, madame.
– Au revoir, monsieur.

Compréhension orale

Cochez ce que vous entendez.
☐ Une baguette.
☐ Une baguette, s'il vous plaît.

Phonétique 🎧

Écoutez et répétez :
Bonjour
Au revoir
Merci

■ **Rythme**
Écoutez et répétez :
Merci – Merci, madame
Au revoir – Au revoir, monsieur
Ça va – Ça va bien – Ça va très bien – Ça va très bien, merci

Grammaire

■ Présentations

– C'est Nicolas. C'est Julie.

– C'est vous, Claire ?
– Non, moi, c'est Émilie !

Jeu de rôle

Dialoguez avec votre voisin sur ce modèle.

1. – Bonjour. C'est moi, Claire.
– Ah ! Claire ! Bonjour ! Ça va ?
– Ça va, merci.

2. – Bonjour, Tom.
– Tiens ! Bonjour ! Comment ça va ?
– Très bien. Merci. Et vous ?
– Ça va, ça va…

3. – Bonjour. Une baguette ?
– Oui, s'il vous plaît.
– Voilà !
– Merci. Au revoir, madame.
– Au revoir.

Continuez avec :

un gâteau

un croissant

Exercices et activités

Écouter

1 🔊 **Écoutez et cochez ce que vous entendez.**

a. ☐ Bonjour, ça va ?   ☐ Bonjour, comment ça va ?
b. ☐ Très bien, merci.   ☐ Bien, merci.
c. ☐ Tiens, Steve, comment ça va ?   ☐ Tiens, Steve, ça va ?
d. ☐ Ça va, ça va.   ☐ Ça va. Et toi ?
e. ☐ Un croissant, s'il vous plaît, madame !   ☐ Un croissant, s'il vous plaît, monsieur !
f. ☐ Merci. Au revoir, madame !   ☐ Merci, madame. Au revoir !

Grammaire

2 **Faites des phrases avec ces mots.**

a. va – Comment – ça – ?   c. moi – Bonjour – Julie – c'est
b. Une – s'il – plaît – baguette – vous   d. très – merci – Ça – bien – va

Communiquer

3 **Associez situations et expressions.**

a. au téléphone   •   • **1.** Bonjour, madame. Un croissant, s'il vous plaît !
b. dans la rue   •   • **2.** Steve ! Bonjour ! Comment ça va ?
c. dans une boulangerie •   • **3.** Merci, madame. Au revoir.
                                    • **4.** Allô, Julie ? Bonjour, c'est Nicolas.
                                    • **5.** Tiens ! Julie ! Bonjour ! Ça va ?
                                    • **6.** Allô ! Allô ! Allô !

4 **Remettez ces dialogues dans l'ordre.**
Dialogue 1 – Ordre : ....
a. Au revoir, monsieur.
b. Merci, madame. Au revoir.
c. Voilà !
d. Bonjour, monsieur.
e. Bonjour, madame. Un gâteau, s'il vous plaît.

Dialogue 2 – Ordre : ....
a. Ah, bonjour, Steve. Ça va ?   c. Allô ! Bonjour, Nicolas. C'est moi, Steve.
b. Très bien, merci.   d. Ça va bien, merci. Et toi ?

Dialogue 3 – Ordre : ....
a. Très bien, merci. Et vous ?   c. Ça va, ça va…
b. Bonjour, monsieur Dumont. Ça va ? d. Au revoir, madame.

Dialogue 4 – Ordre : ....
a. Ah non, moi, c'est Alice.
b. Ah, bonjour, Alice. Ça va ?
c. Allô! Bonjour, c'est Pierre. C'est Claire ?

5 Faites parler ces personnes.

a. b. c.

– .... – .... – ....

– .... – .... – ....

6 Qu'est-ce qu'il dit ? Associez dessins et paroles.

Lisez ! – Écrivez ! – Écoutez ! – Regardez !

a. b. c. d.

– .... – .... – .... – ....

Écouter et lire

7 L'alphabet – Écoutez et lisez.

Moi, c'est MARILYN :

M comme Marie, A comme Anna,

R comme Richard, I comme Irène, L comme Léo,

Y comme Yannick et N comme Nicolas.

Et vous ?

A comme Anna	– H comme Henri	– O comme Oscar	– V comme Valentine
– B comme Bernard	– I comme Irène	– P comme Patricia	– W comme Wladimir
– C comme Clara	– J comme Jacques	– Q comme Quentin	– X comme Xavier
– D comme Denis	– K comme Kurt	– R comme Richard	– Y comme Yannick
– E comme Elisabeth	– L comme Léo	– S comme Sophie	– Z comme Zoé
– F comme Florence	– M comme Marie	– T comme Thérèse	
– G comme Gabriel	– N comme Nicolas	– U comme Ursula	

Unité 1

Leçon 2

Vous êtes français ?

1 Oh ! Pardon !

– Oh, pardon, madame. Excusez-moi.

– Je vous en prie.

– (…) Vous êtes française ?

– Oui. Vous aussi ?

– Non, moi, je suis suisse.

2 Moi, je suis journaliste.

> **Université de Lyon II – 2-4 mars**
> Colloque **ÉDUCATION ET NOUVELLES TECHNOLOGIES**
> (Professeur Jacques BLANC)

– Mesdames, messieurs, bonjour ! Je suis Jacques Blanc. À vous !

– Bonjour. Anne Mérieux. Je suis suisse. Je suis professeur d'économie à Genève.

– Moi, je suis turc. Je m'appelle Goran Cegülik. Je suis journaliste à Istanbul.

– Noriko Takahashi. Je suis japonaise. Je travaille à Osaka. Moi aussi, je suis journaliste.

– Jean-Noël Diallo. Je suis sénégalais. Je suis informaticien. Je travaille à Dakar.

– Moi, je suis…

Phonétique

Écoutez et répétez :
français, française
japonais, japonaise
sénégalais, sénégalaise

■ **Intonation**
Oh pardon ! – Excusez-moi ! –
Je vous en prie.

■ **Rythme**
Moi, je suis français
Moi, je suis turc
Moi, je suis japonaise
Moi, je suis sénégalais

Compréhension orale

Écoutez. Qui parle ?

a. Je suis journaliste à Istanbul.   Dessin n°…

b. Je m'appelle Anne Mérieux. Je suis suisse.   Dessin n°…

c. Je travaille à Osaka. Je suis journaliste.   Dessin n°…

d. Je suis sénégalais, je travaille à Dakar.   Dessin n°…

1   2   3   4   5

Grammaire

- **Conjugaison**

- Verbe *être* + nationalité

– *Vous êtes français ?*
– *Non, je suis suisse.*

– *Vous êtes suisse ?*
– *Non, je suis turc.*

- Verbe *être* + profession, activité

– *Vous êtes journaliste ?*
– *Non, je suis informaticienne.*

– *Vous êtes informaticien ?*
– *Non, je suis professeur.*

⚠ *Je suis un informaticien. // *Je suis une japonaise.

- **Le masculin et le féminin (1)**

Écoutez.

français / française	→	féminin → + [z]
japonais / japonaise		
sénégalais / sénégalaise		
suisse / suisse	→	masculin = féminin
turc / turque	→	= à l'oral mais ≠ à l'écrit

Verbes
s'appeler
être
travailler

Pronoms et noms
je
l'économie (f.)
un informaticien,
une informaticienne
un(e) journaliste
un(e) professeur

Adjectifs
français(e)
japonais(e)
sénégalais(e)
suisse/suisse
turc/turque

Mots invariables
aussi
non

Pour communiquer
Pardon !
Excusez-moi !
Je vous en prie.

Jeu de rôle

Présentez-vous en imaginant une nationalité et une profession.

Hideo Tanaka – Japon – professeur

Marie Delors – France – journaliste

Ibrahim Kunal – Turquie – journaliste

Assma Bouachma – Sénégal – informaticienne

Exercices et activités

Communiquer

1 Mettez le dialogue dans l'ordre.

a. Je vous en prie.

b. Non, je suis française.

c. Oh, pardon, madame, excusez-moi !

d. Vous êtes suisse ?

2 Reliez.

a. s'appeler   •   •   **1.** Je suis journaliste.

b. être   •   •   **2.** Je travaille à Dakar.

c. travailler   •   •   **3.** Je m'appelle Jean-Noël.

3 Qui parle ? Un homme (H) ou une femme (F) ? Cochez.

	H	F
a. Bonjour. Je m'appelle Alida, je suis turque, je travaille à Istanbul.	☐	☐
b. Bonjour, je m'appelle Sumi, je suis japonaise, je suis informaticienne.	☐	☐
c. Bonjour, moi, je suis Dominique Brunot. Je suis français.	☐	☐
d. Moi aussi, je m'appelle Dominique. Dominique Blanc. Et je suis française aussi.	☐	☐
e. Je suis sénégalais. Je suis professeur d'économie à Dakar.	☐	☐

Grammaire

4 Mettez les phrases dans l'ordre.

a. informaticien – suis – Je

b. je – Moi – turc – suis

c. m' – Goran – appelle – Je

d. ? – Vous – suisse – êtes

e. française – je – suis – Non

5 Classez ces adjectifs en deux catégories : masculin ou féminin. Attention !

japonaise – turc – français – sénégalais – française – suisse – turque – japonais – sénégalaise

Masculin	Féminin
....	....
....	....
....	....

Lire

6 **Qui travaille où ? Reliez une phrase et un dessin.**

a. Je travaille à Paris, je m'appelle Catherine. → dessin ....

b. Je suis journaliste à Tokyo. Je m'appelle Bob. → dessin ....

c. Moi, je suis Giovanni Battista. Je travaille à Rome. → dessin ....

d. Je suis Assia. Je suis journaliste à Istanbul. → dessin ....

e. Je travaille à New York. Je m'appelle Cheng Hui-de. → dessin ....

f. Je travaille à Moscou. Je suis Igor Vassilevitch. → dessin ....

7 **Entourez les mots que vous connaissez.**

un médecin – un informaticien – un acteur – un danseur – un footballeur – un parfumeur

– un coiffeur – un boulanger – un banquier – un journaliste – un astronaute – un steward.

Écouter, lire et dire

8 🔘 **Écoutez, apprenez.**

Un deux trois
Quatre cinq six
Sept huit neuf dix

Allô, bonjour, c'est moi !
Vous êtes Béatrice ?
Non, moi, je suis Alice.

Ah bon !

Onze douze treize
Quatorze quinze
Seize dix-sept
Dix-huit dix-neuf vingt

Vous êtes Blaise ?
Et vous, vous êtes Thérèse !
Non, je suis Élisabeth ! Et vous ?
Je m'appelle Alain !

Ah bon !

Unité 1

Leçon 3

Toi aussi, tu es japonaise ?

1 Vous êtes Anne Mérieux, n'est-ce pas ?

– Pardon, madame. Vous êtes Anne Mérieux, n'est-ce pas ?
– Oui. C'est moi.
– Vous êtes professeur d'économie à Genève ?
– Oui.
– Alors, vous connaissez monsieur Latournelle ?
– Paul Latournelle ? Oui, bien sûr !

Compréhension orale

Écoutez et complétez.
– Vous êtes Anne Mérieux, n'est-ce pas ?
– Oui. C'est ... .

2 C'est joli, Yukiko !

– Salut ! Moi, c'est Paul ! Et toi ?
– Yukiko.
– C'est joli, Yukiko ! Japonaise ?
– Oui. Et toi ?
– Je suis français… Et toi aussi, tu es japonaise ?
– Non, pas du tout ! Moi, je suis américaine. Je m'appelle Jenny.
– Tu parles très bien français ! Tu habites ici ?
– Oui, oui, j'habite à Paris. Je suis étudiante. Et toi ?
– Oui. Et je travaille aussi dans un restaurant.
– Hum… C'est très intéressant !

Compréhension orale

Cochez la bonne réponse.
a. Moi, c'est Jenny. Je suis…
☐ japonaise
☐ américaine
☐ française
b. Moi, c'est Paul. Je suis…
☐ étudiant
☐ professeur
☐ journaliste

Phonétique

■ **Les liaisons**
Écoutez et répétez :
intéressant   c'est intéressant   c'est très intéressant

■ **Rythme**
Écoutez et répétez :
Vous habitez ici ?   Vous habitez ici, à Paris ?

Grammaire

■ Conjugaison

– le verbe *être* (2) ➔ Je suis …/Tu es …/Vous êtes …

    – *Tu es japonaise ? – Non, je suis américaine. Et vous, vous êtes français ?*

    – *Vous êtes étudiant ? – Non je suis professeur.*

– le verbe *habiter*   *J'habite à Paris – Tu habites à Paris – Vous habitez à Paris*

– le verbe *s'appeler*   *Je m'appelle … – Tu t'appelles … – Vous vous appelez …*

– le verbe *parler*   *Je parle français – Tu parles français – Vous parlez français*

– le verbe *travailler*   *Je travaille – Tu travailles – Vous travaillez*

– le verbe *connaître*   *Je connais Paris – Tu connais Nice – Vous connaissez Jenny*

■ La différence entre *tu* et *vous*

■ Le masculin et le féminin (2)

étudiant/étudiant**e mais attention** professeur/professeur – journaliste/journaliste

■ *C'est* + adjectif masculin   *C'est intéressant – C'est joli*

■ *Habiter à* + ville   *Vous habitez à Tokyo ? – J'habite à Paris.*

■ *Parler* + langue (masculin singulier)

     Vous parlez très bien français !

Verbes

connaître
habiter (à)
parler

Pronoms et noms

toi, tu
un(e) étudiant(e)
un restaurant

Adjectifs

américain(e)
intéressant(e)
joli(e)

Mots invariables

dans
et
ici

Pour communiquer

Pardon ?
Salut !
Ah bon !
Vous êtes…
N'est-ce pas ?
Pas du tout

Manières de dire

Bien sûr !
Moi, c'est X

Jeu de rôle

Présentez-vous. Utilisez les verbes *s'appeler*, *être*, *habiter*, *parler*…

Jane – américaine – Chicago – étudiante à Paris – langues : anglais/français

Horu – japonais – étudiant à Kobe – stagiaire à Paris – langues : japonais/anglais/français

Elsa – française – étudiante à Nice – langues : français/anglais

Kate – anglaise – Londres – professeur d'anglais à Nice – langues : français/anglais

Exercices et activités

Écouter

1 🔘 **Écoutez : on parle d'un homme, d'une femme ou on ne sait pas ? Cochez.**

	a	b	c	d	e	f	g	h
Homme								
Femme								
On ne sait pas								

2 🔘 **Écoutez et cochez ce que vous entendez.**

a. ☐ Salut, je suis Paul.　　　　　　　　　☐ Salut, moi, c'est Paul.

b. ☐ Vous connaissez Paul Latournelle ?　　☐ Vous connaissez monsieur Latournelle ?

c. ☐ C'est très joli, Yukiko !　　　　　　　☐ Tu es très jolie, Yukiko !

d. ☐ Tu parles très bien français.　　　　　☐ Vous parlez bien français.

e. ☐ Vous habitez ici, à Genève ?　　　　　☐ Il habite ici, à Genève ?

Grammaire

3 **Complétez avec un adjectif de nationalité.**

a. Yukiko habite à Tokyo, elle est ....

b. Jenny est étudiante aux États-Unis, elle est ....

c. Paul habite et travaille à Genève ; il est ....

d. Caroline est étudiante à Bordeaux. Elle est ....

e. Louis est journaliste à Dakar. Il est ....

4 **Les professions – Complétez.**

a. M. Dufour est P _ _ F _ _ _ _ _ R d'anglais à Montréal.

b. Alice Gendon est I _ _ _ R _ _ _ I _ _ E _ _ E à Paris

c. Paola est É – – D – – N – – à Bruxelles.

d. Goran est J _ _ R _ _ L _ _ _ E à Istanbul.

e. Anne Mérieux est P _ _ _ _ _ _ _ _ R d'économie.

5 **Remettez ces phrases dans l'ordre.**

a. bien – Tu – français – très – parles → ....

b. connaissez – Paul – Vous – Latournelle – ? → .... ?

c. vous – est – Pardon – ce – Jenny – êtes – pas – n' – ? → ...., ... ?

d. un – à – restaurant – travaille – Je – dans – Paris → ....

e. travaille – Istanbul – suis – et – Je – je – à – turc → ....

f. monsieur – vous – journaliste – êtes – n' – Genève – ? – Pardon – pas – à → ....

6 Présentez-vous.

> **Claude Guérin**
> Professeur d'économie
> Université de Bordeaux II
> Adresse : 12, rue La Fayette – 33000 BORDEAUX
> email : claudeguerin@yahoo.fr

Bonjour, je suis Claude Guérin…

7 Reliez.

a. Pierre, vous • • **1.** est anglais et il parle un peu allemand.

b. Tu • • **2.** habite à Lyon.

c. Mme Leroux, vous • • **3.** travailles à Paris ?

d. Je • • **4.** est française ou suisse ?

e. J' • • **5.** connaissez Lausanne ?

f. Elle • • **6.** êtes informaticienne, n'est-ce pas ?

g. Il • • **7.** suis Valérie Wong.

8 Remettez ce dialogue dans l'ordre.

a. Ça va, ça va. Tu habites ici ?

b. C'est un bon restaurant ?

c. Ah Paul, bonjour ! Oui, très bien et toi ?

d. Non, mais je travaille ici, au restaurant des Deux Amis.

e. Bonjour, Valérie, ça va ?

f. Oui, rue Saint-Jean. Et toi ?

g. Hum… C'est intéressant.

h. Oui, très bon !

Ordre : e – ....

Écouter, lire et dire

9 🔊 Écoutez, puis jouez le dialogue à deux.

Vous êtes…

– Vous êtes française ? – Non.

– Vous êtes américaine ? – Non.

– Euh… Vous êtes journaliste ? – Non.

– Vous êtes informaticienne ? – On non !

– Alors, vous êtes étudiante ? – Non, non, non !

– Vous êtes… Vous êtes… vous êtes… vous êtes jolie !

– Mais oui, bien sûr ! Je m'appelle Annabelle Jolly !

Et je suis canadienne !

Unité 1

Leçon

4

Désolée, je suis touriste

1 Vous connaissez la rue…

– Pardon, madame. Est-ce que vous connaissez la rue…

– Non, je suis désolée ! Excusez-moi ! Je suis touriste. (…)

– Pardon, monsieur. Excusez-moi. Vous parlez anglais ?

– Ah non, désolé ! Je parle français, italien, allemand, un peu chinois…

– Merci, merci.{

Compréhension orale

Cochez les bonnes réponses.

Le monsieur parle ☐ anglais ☐ français ☐ italien ☐ japonais ☐ chinois

2 Une fête Erasmus

– Salut, moi c'est Thomas. Tu es étudiante ici ?

– Oui, et toi ?

– Moi aussi. Je suis étudiant à Nice mais j'habite à Berlin.

– Ah, tu es allemand ? Tu parles très bien français. Bravo !

– Merci !

– Moi, je suis espagnole. Je m'appelle Ana… Lui, il s'appelle Karim. Et elle, c'est Jessie. Elle est anglaise.

– Salut, toi aussi tu es étudiante ?

– Non, je suis professeur de judo.

– Super !

Compréhension orale

Complétez.

a. Thomas est …, il est … à Nice. • **b.** Ana est …, elle est aussi … à Nice. • **c.** Jessie est …, elle est … de judo.

Phonétique 🎧

Écoutez et répétez :
je suis allemand/je suis allemande
je suis étudiant/je suis étudiante

■ **Rythme**
Écoutez et répétez :
Je suis professeur/Moi aussi, je suis professeur

■ **Intonation**
Écoutez et répétez :
Bravo ! Super !

Grammaire

■ **La 3ᵉ personne du singulier :** *elle, il ; elle, lui* → Précis grammatical page 123

Il s'appelle Karim. **Elle** *s'appelle Jessie.* **Elle** *est anglaise.*
Et Thomas ? **Lui,** *il est allemand.* **Il** *habite à Berlin,* **il** *est étudiant à Nice.*

■ **L'interrogation avec** *Est-ce que*

Est-ce que vous connaissez la rue… ? = Vous connaissez la rue… ?
Est-ce qu'il parle français ? = Il parle français ?

■ **Le masculin et le féminin (3)**

Il est allemand, elle est allemande, il est japonais, elle est japonaise.
Il est suisse, elle est suisse

⚠ **Orthographe ≠** → Précis grammatical page 125

Il est espagnol, elle est espagnole   *Il est turc, elle est turque*

Pays) France

Capitale : Paris

1. Regardez la carte page 2 de couverture. Huit villes sont en France. Entourez-les.

NICE • AMSTERDAM • LILLE • MARSEILLE • MADRID • ROME • MOSCOU • GENÈVE • LYON • BORDEAUX • COPENHAGUE • TOULOUSE • BUDAPEST • STRASBOURG • BERLIN • PARIS • LISBONNE • RIGA • VENISE

2. Regardez le plan de Paris et donnez le numéro de :

a. la tour Eiffel n° … • **b.** le jardin du Luxembourg n° … • **c.** le Sacré-Cœur n° … • **d.** l'Opéra n° …
• **e.** l'Assemblée nationale n° … • **f.** Notre-Dame de Paris n° …

Pronoms et noms
elle, il, lui
le judo
une rue
un(e) touriste

Adjectifs
allemand(e)
anglais(e)
chinois(e)
espagnol(e)
italien/italienne

Mots invariables
mais – un peu

Pour communiquer
Désolé(e) ! (je suis désolé(e) !)
Bravo ! – Super !

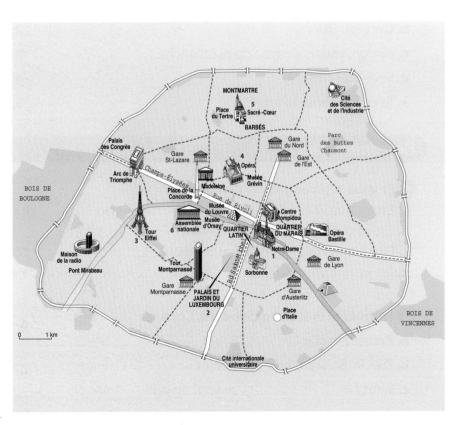

Leçon 4 — Exercices et activités

Écouter

1 ◎ **Discrimination orale – Écoutez.**

Vous entendez le masculin → un pouce levé // Vous entendez le féminin → deux pouces levés // On ne sait pas → rien

Orthographe et grammaire

2 Complétez avec des adjectifs de nationalité.

a. Il est I _ _ _ _ _ N.

b. Vous êtes A _ _ _ _ _ _ E ?

c. Elle est A _ _ _ _ _ _ _ E et lui, il est J _ _ _ _ _ _ S.

d. Elle est E _ _ _ _ _ _ _ E.

e. Non, je suis S _ _ _ _ E.

3 Mettez les phrases dans l'ordre.

a. étudiante – Paris – est – Elle – à → ....

b. professeur – suis – judo – de – Je → ....

c. très – français – Tu – bien – parles → ....

d. connaissez – rue – ? – Est-ce que – la – vous – Beethoven → ....

4 Reliez une question et une réponse.

a. Vous êtes étudiante ?   •   •   **1.** Non, c'est Jessie.

b. C'est toi, Elsa ?   •   •   **2.** Non, à Nice.

c. Pardon, vous connaissez la rue Blanche ?   •   •   **3.** Non, je suis professeur.

d. Vous êtes suisse ?   •   •   **4.** Non, désolée, je suis touriste !

e. Tu es étudiante à Paris ?   •   •   **5.** Non, je suis français.

Communiquer

5 Et vous ? Répondez par OUI ou par NON.

a. Est-ce que vous parlez allemand ? .... anglais ? .... chinois ? ....

b. Est-ce que vous connaissez la France ? .... l'Italie ? .... le Canada ? ....

c. Est-ce que vous êtes étudiant/étudiante ? ....

d. Est-ce que vous travaillez ? ....

6 Trouvez le mot correspondant. Cochez.

a. Excusez-moi =   ☐ Bravo   ☐ Merci   ☐ Super !   ☐ Pardon !

b. Très intéressant ! =   ☐ Bonjour   ☐ Super !   ☐ Au revoir   ☐ S'il vous plaît

c. Salut ! =   ☐ Je vous en prie   ☐ Merci   ☐ Désolé !   ☐ Bonjour

Regarder – Reconnaître

7 **Vous connaissez ? Mettez le nom sous la photo.**

le château de Chambord – le théâtre antique de Nîmes – le Carnaval de Nice
– la Cité interdite de Pékin (Beijing) – Paris et les bouquinistes – le jet d'eau de Genève

1. .... 2. .... 3. ....

4. .... 5. .... 6. ....

Quatre sont en France. Lesquels ? ....

8 **Situez sur la carte de France (page 2 de couverture) :**
Rouen – Dijon – Clermont-Ferrand – Brest – Le Havre – Bayonne – Rennes.

Écouter, lire et dire

9 🎧 **Un petit poème à apprendre.**

J'habite à Rennes et toi à Bordeaux.
Il est à Canton, elle est à Anvers.
Je suis à Édimbourg et toi, à Tokyo.
Il est à Séoul, elle habite au Caire !
Aïe, aïe, aïe !

Récapitulons

Maintenant, vous savez ...

- Dire *bonjour, au revoir*
- Dire *pardon, merci*
- Dire votre nom, votre nationalité
- Dire où vous habitez
- Dire ce que vous faites
- Dire les langues que vous parlez

Maintenant, vous connaissez...

- La conjugaison des verbes *être/habiter/parler/travailler/connaître*
  avec *JE – TU – VOUS*

  → Précis grammatical page 67
- La différence masculin/féminin

À l'écrit	À l'oral
En général, féminin = masculin + -*e*	
Je suis français/française *Je suis japonais/japonaise*	+ [z]
Je suis allemand/allemande	+ [d]
Je suis américain/américaine *Je suis italien/italienne*	[ɛ̃] → [ɛn]
mais	
Je suis espagnol/espagnole *Je suis turc/turque*	même prononciation, orthographe différente
mais	
Je suis suisse / suisse	même prononciation, même orthographe

Conseils pour apprendre

- **en classe**

  Demandez des explications au professeur :
    Je ne comprends pas.
    Vous pouvez répéter, s'il vous plaît ?
    Ça s'écrit comment ?

- **à la maison**

  Répétez les dialogues à haute voix devant une glace.
  Écoutez une chanson avec le texte (*http://www.liensutiles.org/musique.htm*).
  Essayez de chanter à votre tour le refrain.

Unité

2

Qu'est-ce que vous aimez ?

Leçon 5

Qu'est-ce que tu aimes ?

Objectifs
- indiquer ses goûts, ses préférences – parler de soi
- les articles définis – le pluriel des noms (1) – la phrase négative – *aimer* + nom ; *aimer* + infinitif – *ne … pas*

Leçon 6

Vous avez quel âge ?

Objectifs
- poser une question sur quelqu'un et sur quelque chose (1) décrire quelqu'un (1) – offrir quelque chose à quelqu'un
- les articles indéfinis – le pluriel des noms (2) et des adjectifs (1) – *Qui est-ce ?/Qu'est-ce que c'est ?*

Leçon 7

Vous venez avec moi ?

Objectifs
- proposer à quelqu'un de faire quelque chose – accepter, refuser
- la 3ᵉ personne du singulier et du pluriel – les articles définis et indéfinis – l'article contracté (*à + le → au) – aller au/à la…* – les verbes *aller* et *venir* (1)

Leçon 8

Elle est comment ?

Objectifs
- révision des présentations – parler de soi, parler de quelqu'un parler de ses goûts – décrire quelqu'un (2)
- *aimer* + nom ; *aimer* + infinitif (rappel) – le féminin des adjectifs (4)

Qu'est-ce que tu aimes ?

1 Elle aime…, il aime…

Laura

Elle aime les vacances.

Elle aime bien danser.

Elle adore le sport.

Elle n'aime pas beaucoup la plage.

Alex

Il aime dormir.

Il n'aime pas le sport.

Il déteste danser.

Il aime la plage.

Compréhension orale

Cochez les bonnes réponses.

Qui aime … ? Laura (L) ou Alex (A) ?

a. dormir ➔ …

b. danser ➔ …

c. le sport ➔ …

d. la plage ➔ …

e. les vacances ➔ …

2 Sur Internet

– Bonjour, Chris. Moi, c'est Julie.
Je suis étudiante à Bordeaux.
Et toi, qu'est-ce que tu fais ?

– Euh… Je suis étudiant aussi.
Qu'est-ce que tu aimes faire ?

– Alors… J'aime le cinéma, l'opéra,
j'aime lire… Et toi ?

– Moi, je n'aime pas beaucoup ça !
Je préfère le sport : le foot, la moto…

– Oh là là ! D'accord, d'accord ! Au revoir !

Compréhension orale

Écoutez et répondez.

a. Qui aime lire ? Chris ou Julie ? ………

b. Qui aime le sport ? ………

c. Qui aime l'opéra ? ………

Phonétique

■ **Intonation**

Écoutez et répétez :

Oh là là ! – D'accord !

■ **Oral ➔ Écrit**

Écoutez et barrez les lettres que vous n'entendez pas.

a. vingt ans **b.** beaucoup **c.** le sport **d.** français **e.** d'accord

Grammaire

- **Le verbe *aimer***

  aimer + nom   *J'aime le sport, j'aime la moto.*

  aimer + verbe infinitif   *J'aime lire, j'aime danser.*

- **La 3ᵉ personne du singulier**

Il aime la moto.   *Elle est étudiante, elle aime l'opéra.*

- **Les articles définis : *l', le, la, les***

  *J'aime **le** sport, **le** cinéma. – J'aime **la** moto, **la** plage.*

  *J'adore **l'**opéra.* (masc. ou fém. commençant par une voyelle)

  *Elle aime bien **les** vacances.* (masculin ou féminin pluriel)

- **Le pluriel des noms (1) :**

  *le sport, les sport**s** – la moto, les moto**s** – l'opéra, les opéra**s***

- **L'interrogation (1) :** *Qu'est-ce que tu fais ? – Qu'est-ce que tu aimes faire ?*

   Est-ce que vous parlez français ? = Vous parlez français ? → Réponse : ***Oui/Non***

  Qu'est-ce que vous aimez ? → Réponse : ***J'aime le cinéma, j'aime le tennis...***

- **La phrase négative :** *Je **ne** suis **pas** français – Je **n'**aime **pas** l'opéra*

- **Dire son âge :** *avoir + ... + ans* → *J'ai vingt ans. – Vous avez vingt ans.*

  J'adore ——
  J'aime beaucoup ——
  J'aime ——
  J'aime bien mais je préfère ——
  Je n'aime pas beaucoup ——
  Je n'aime pas ——
  Je déteste ——

Sidebar

📖 **Verbes**

adorer
aimer
danser
détester
dormir
faire
lire
préférer

Pronoms et noms

ça
le cinéma
le foot(ball)
la moto
l'opéra (m.)
la plage
le sport
les vacances

Mots invariables

beaucoup

💬 **Pour communiquer**

D'accord
Oh là là !
J'aime bien...

Jeu de rôle

Demandez à votre voisin(e) ce qu'il (elle) aime et ce qu'il (elle) aime faire.

a. Qu'est-ce que tu aimes ?

aimer + **un nom** → le cinéma / le sport / le foot / la moto / les vacances...

b. Qu'est-ce que tu aimes faire ?

aimer + **un verbe infinitif** → travailler / dormir / danser / parler français / lire...

Exercices et activités

Écouter et prononcer

1 ◎ **Écoutez et barrez les lettres que vous n'entendez pas, puis lisez les phrases à voix haute.**

a. Il est étudiant à Bordeaux.

b. Tu connais Bruxelles ?

c. Elle habite à Paris et il habite à Cannes.

d. Il n'aime pas beaucoup le sport.

e. Nicolas déteste danser.

f. Il est français ou québécois ?

Écouter et comprendre

2 ◎ **Écoutez. C'est un homme (H) ou une femme (F) ?**

a	b	c	d	e	f	g	h	i	j	k

3 ◎ **Écoutez. Qui est-ce ? Irina (I), Franck (F) ou Noura (N) ?**

a. Il habite à Ostende. → ....

b. Elle est canadienne. → ....

c. Elle est étudiante. → ....

d. Elle adore la musique. → ....

e. Elle habite à Québec. → ....

f. Il parle français et néerlandais. → ....

g. Il est belge. → ....

h. Elle parle wolof, français et anglais. → ....

i. Elle aime le cinéma québécois. → ....

j. Il adore le foot et la moto. → ....

k. Elle adore le ski. → ....

l. Elle est sénégalaise. → ....

Grammaire

4 **Complétez par *le*, *la*, *l'* ou *les*.**

a. Elle connaît M. Ledoux, … professeur d'économie.

b. Je déteste … gâteaux.

c. Tu aimes … foot ?

d. Elle aime beaucoup … moto.

e. Elle déteste … plage

f. Il aime … croissants

g. Il adore … sport.

h. Tu danses … rock ?

i. J'adore … vacances.

j. Elle n'aime pas beaucoup … opéra

5 **Reliez pour faire des phrases.**

a. Pardon, madame, vous • • est • • anglais ?

b. Mary • • aimes bien • • très sportif mais Mary déteste le sport.

c. Pierre • • parlez • • le sport ?

d. Je • • n'aime pas • • le sport, elle préfère le cinéma, l'opéra…

e. Et toi, tu • • suis • • étudiant. Et vous ?

6 Répondez par des phrases négatives comme dans l'exemple.

– Vous aimez l'opéra ?   – *Non, je n'aime pas l'opéra.*

– Tu parles allemand ?   – ....

– Il habite à Paris ?   – ....

– Yasuko est étudiante ?   – ....

– Elle travaille dans un restaurant ?   – ....

Écouter, lire et dire

7 Écoutez, lisez et apprenez.

> J'aime Paris
> J'aime bien la tour Eiffel
> J'aime beaucoup le Quartier latin
> Et j'adore Louis, un étudiant de la Sorbonne

8 Écoutez, puis jouez le dialogue à deux.

– Bon. Alors, qu'est-ce que tu aimes faire ?

– Moi ? Euh... J'aime dormir.

– Ah bon ? Dormir, ce n'est pas intéressant !
Tu n'aimes pas danser ? Tu n'aimes pas lire ?

– Non, moi j'aime dormir, dormir, dormir…

– Alors au revoir !

Classer

9 Ils sont célèbres mais pour quoi ? Classez ces vingt personnes.
Vous ne connaissez pas ? Regardez sur Internet.

a. Zinedine Zidane   **b.** Madonna   **c.** Jean Renoir   **d.** Eddy Merckx

e. Maradona   **f.** Jean-Jacques Rousseau **g.** Claude Debussy   **h.** Jean-Luc Godard

i. Jacques Brel   **j.** Charles Aznavour   **k.** Roger Federer   **l.** Francis Poulenc

m. Marcel Proust   **n.** Alain Resnais   **o.** Michael Jordan   **p.** Henri Dutilleux

q. Michel Houellebecq **r.** Sophie Marceau   **s.** Jacques Demy   **t.** Albert Camus

Sport	Cinéma	Littérature	Musique

Unité 2

Leçon 6

Vous avez quel âge ?

1 C'est pour toi

– Qu'est-ce que c'est ?

– C'est un petit cadeau pour toi ! Bon anniversaire !

2 C'est un journaliste de Fance 2

– Eh, regarde. C'est Jacques Chazelles.

– Jacques Chazelles ? Qui est-ce ?

– C'est un journaliste de France 2 !

– Ah oui, bien sûr ! Il est beau ! Il a quel âge ?

– Je ne sais pas… 55 ans, 60 ans…

Compréhension orale

Écoutez et répondez.

Qui est Jacques Chazelles ?

C'est un ...., il a ...., il est ....

3 Dans une galerie de photos

Sarah Mallet : Monsieur Ivanov, monsieur Ivanov, s'il vous plaît !
Bonjour. Sarah Mallet, journaliste pour le magazine *Art Plus*.
Bravo ! C'est très très beau. Mais…
Excusez-moi, vous êtes très jeune, non ? Vous avez quel âge ?

Pierre Ivanov : J'ai vingt-quatre ans.

Sarah Mallet : Jeune et célèbre ! C'est magnifique !
Et mademoiselle… ? Elle fait des photos aussi ?

Pierre Ivanov : Oh, pardon, Jamila Hatami.
Non, elle n'est pas photographe, elle est peintre.
C'est une amie iranienne. Nous travaillons ensemble.

Phonétique 🎧

■ **Les liaisons (2)**
Écoutez et répétez :
C'est‿un journaliste
C'est‿un cadeau
C'est‿une amie iranienne

Compréhension orale

Écoutez et complétez.

a. Sarah Mallet : Elle est ....
b. Pierre Ivanov : Il est ....,
il est ...., il est ....,
il a ....
c. Jamila Hatami : Elle est ....,
elle est ....

Grammaire

■ **Conjugaison des verbes *être* et *avoir***

Je <u>suis</u> jeune, j'<u>ai</u> vingt ans. Nous <u>sommes</u> jeunes, nous <u>avons</u> vingt ans.
Tu <u>es</u> jeune, tu <u>as</u> vingt ans. Vous <u>êtes</u> jeune(s), vous <u>avez</u> vingt ans.
Il/elle <u>est</u> jeune, il/elle <u>a</u> vingt ans. Ils/elles ne <u>sont</u> pas jeunes, ils/elles <u>ont</u>
  quatre-vingts ans.

■ **Les articles indéfinis : *un, une, des***

C'est **un journaliste** de France 2. – C'est **une amie** iranienne. –
Il fait **des photos**.

■ **La forme négative (2) : sujet + *ne (n')* + verbe + *pas***

Je **ne** sais **pas**. – Elle **n'est pas** photographe.

Observez : Devant une voyelle, *ne* → *n'*

■ **Poser une question sur un objet, sur quelque chose :
*Qu'est-ce que c'est ?***

– *Qu'est-ce que c'est ?*   – *C'est une photo, c'est un cadeau*

■ **Poser une question sur une personne : *Qui est-ce ?***

– *Qui est-ce ?*   – *C'est Jamila, c'est une amie iranienne, c'est Pierre Ivanov…*

■ **Poser une question sur l'âge : *(avoir) quel âge ?***

– *Vous avez quel âge ?*   – *J'ai 24 ans.*

■ **Le pluriel des noms (2) ; le pluriel des adjectifs (1)**

La photo est belle. – Les photos sont belles.
Il est photographe. – Ils sont photographes

⚠ **Différence entre :**

Il est photographe. // C'est un photographe de mode. –
C'est un photographe chinois très célèbre.

Elle est journaliste. // C'est une journaliste célèbre. – C'est une journaliste
du magazine Art Plus.   → Précis grammatical page 124

Parler

Qui est-ce ? Imaginez…

....

6 Exercices et activités

Écouter

1 ◎ **Écoutez et cochez ce que vous entendez.**

a. ☐ J'aime bien la moto.   ☐ Moi, j'adore la moto.

b. ☐ C'est un journaliste de France 2.   ☐ C'est une journaliste d'*Art Plus*.

c. ☐ J'ai 24 ans et elle aussi.   ☐ Il a 24 ans, elle aussi.

d. ☐ Elle est iranienne.   ☐ Elle est italienne.

e. ☐ C'est un petit cadeau pour vous.   ☐ Un petit cadeau pour Marilou.

Grammaire

2 *Est-ce qu(e)… ou Qu'est-ce qu(e)… ?*

a. – .... c'est ?

b. – .... vous habitez à Londres ?

c. – .... elle est photographe ?

d. – .... tu aimes faire ?

e. – .... vous préférez ?

3 *Qu'est-ce que c'est ?* ou *Qui est-ce ?*

a. – .... ? – Un petit cadeau pour toi !

b. – .... ? – Un professeur de français.

c. – .... ? – C'est Jamila, une amie iranienne.

d. – .... ? – C'est moi !

e. – .... ? – C'est une moto japonaise.

4 **Complétez avec** *avoir* **ou** *être.*

a. Vous .... quel âge, mademoiselle ?

b. Elle .... photographe.

c. Il .... vingt-quatre ans.

d. Moi, j(e) .... vingt ans.

e. Vous .... très jeune !

f. Il .... jeune et très beau.

5 **Mettez à la forme négative..**

a. Il est journaliste. → ....

b. Il travaille à Genève. → ....

c. Elle aime danser. → ....

d. Elle connaît monsieur Latournelle. → ....

e. Il habite à Montréal. → ....

f. Vous êtes français ? → ....

6 **Complétez avec** *Il est* **ou** *C'est.*

a. .... un ami de Montréal.

b. .... est canadien.

c. .... est très célèbre.

d. .... un journaliste de télévision.

e. .... jeune, beau et riche.

f. – Qui est-ce ? – Mais .... Laurent Fortier, bien sûr !

Comprendre et agir

7 🔊 **Écoutez et regardez ces deux photos. Qui parle ? Christophe ou Thomas ?**

– ....

– ....

Lire

8 **Regardez cette affiche et dites si les phrases suivantes sont vraies (V) ou fausses (F).**

LES ARTS DÉCORATIFS JAPONAIS DANS LES ANNÉES 1920

Exposition de kimonos de Kyoto
à motifs traditionnels
en crêpe de soie et fils d'argent

Du 15 février au 30 mars 2011
Maison de la culture du Japon
101 bis quai Branly – Paris 15ᵉ
01 44 37 95 00 (3,50/5 euros)

a. Il y a une exposition du 15/11 au 30/12. ......

b. C'est une exposition de photos. ......

c. L'exposition est gratuite (= 0 euro). ......

d. C'est à Paris. ......

Écouter, lire et dire

9 🔊 **Écoutez et apprenez par cœur ce petit poème.**

Je fais des photos
      Avec Margot
Du sport
      Avec Laure
Je vais en vacances
      Avec Florence
Au cinéma
      Avec Emma
À l'opéra
      Avec Sarah

Unité 2

Leçon 7

Vous venez avec moi ?

1 Devant la Sorbonne

– Tiens, Marion, salut.

– Ah, salut, Louis. Tu vas où ?

– Je vais au cinéma. Tu viens avec moi ?
  Il y a un bon film au Champo.

– Qu'est-ce que c'est ?

– C'est le nouveau film de Spielberg.

Compréhension orale

Écoutez et complétez.

Où va Louis ? ....

2 Vous venez au concert de jazz ?

– Allô, Marie ? C'est Jacques. Comment ça va, toi ? Et Pierre ?

– On va très bien, merci. Et toi ?

– Ça va. Qu'est-ce que vous faites ? Moi, je vais à un concert de jazz. Il y a trois musiciens :
  Hervé Dupré, Tony Hergins et Henry Brown.

– Oh, ils sont excellents. C'est où ?

– C'est à la Cigale à 21 heures. Vous venez ?

– Bonne idée ! On vient. À tout à l'heure.

Compréhension orale

Écoutez et répondez :

a. Le soir, Jacques va où ? ....

b. Il y a un, deux ou trois musiciens ? ....

c. Où est le concert ? ....

d. À quelle heure ? ....

Phonétique

■ **Opposition des sons [e] et [ɛ]**

Écoutez et répétez :

a. Une baguette, s'il vous plaît.   **b.** – Qui est-ce ? – C'est Hervé Dupré.   **c.** Qu'est-ce que vous faites ? Vous venez ?

Grammaire

■ Conjugaison des verbes *aller* et *venir*

Aller		Venir	
Je vais	Nous allons	Je viens	Nous venons
Tu vas	Vous allez	Tu viens	Vous venez
Il/Elle/On va	Ils/Elles vont	Il/Elle/On vient	Ils/Elles viennent

■ Le pluriel des noms (3) et des adjectifs (2)

un musicien américain / des musiciens américains

une étudiante chinoise / des étudiantes chinoises

En général, au pluriel, les noms et les adjectifs prennent un « s » à la fin.

■ À l'oral, ON + singulier = NOUS + pluriel

On va au cinéma. = Nous allons au cinéma.

■ *C'est…* + singulier / *Ce sont…* + pluriel

– *Qui est-ce ?* – *C'est une amie suisse. C'est la mère de Chris.*
 – *Ce sont des amis québécois. Ce sont les parents de Tom.*

Rappel : *Qui est-ce ?* ➜ On parle de quelqu'un.

– *Qu'est-ce que c'est ?* – *C'est un film. C'est le nouveau film de Spielberg.*
 – *Ce sont des photos. Ce sont les photos de Pierre Ivanov.*

Rappel : *Qu'est-ce que c'est ?* ➜ On parle de quelque chose.

■ L'article indéfini (*un, une, des*) ➜ On parle pour la première fois
de quelque chose ou de quelqu'un qui n'est pas précisé.

C'est un film. – Ce sont des photos. ➜ **Précis grammatical page 124**

■ L'article défini (*l', le, la, les*) ➜ On précise.

C'est le nouveau film de Spielberg. – Ce sont les photos de Pierre Ivanov.

■ *Il y a* + nom singulier ou pluriel

Il y a un bon film. – Il y a trois musiciens.

■ *Être / habiter / aller* + <u>*à*</u> + ville…/<u>*au*</u>… / <u>*à la*</u>… / <u>*à l'*</u>…

Vous habitez à Paris. – Nous allons à Paris.

Ils vont au cinéma. – Je suis au restaurant. (à̶ ̶l̶e̶ ➜ au)

On va à la plage ? – Nous allons à la Cigale.

Nous sommes à l'université. – Je vais à l'Opéra.

Verbes
aller
venir

Pronoms et noms
ils
on
un concert
un film
une heure
le jazz
un musicien

Adjectifs
bon(ne)
excellent(e)
nouveau/nouvelle

Mots invariables
avec
où

Pour communiquer
À tout à l'heure !
Bonne idée !

Jeu de rôle

Sur le modèle du dialogue page 26, vous proposez une sortie à un(e) ami(e).

a. Musée d'Orsay / exposition : Degas.

b. Le Zénith / concert (chanteur : Jacques Dutronc).

c. Restaurant Chez Louisette / déjeuner.

Exercices et activités

Écouter

1 🔘 **Écoutez et cochez ce que vous entendez.**

a. ☐ Jacques va au concert.   ☐ Jacques vient au concert.

b. ☐ Tu viens au cinéma ?   ☐ Tu vas au cinéma ?

c. ☐ Elles vont à l'opéra.   ☐ Elles viennent à l'opéra.

d. ☐ Ils sont au restaurant.   ☐ Ils vont au restaurant.

e. ☐ Ils vont au foot.   ☐ Ils sont au foot.

2 🔘 **Lisez, écoutez les questions et répondez.**

Marina habite à Montréal. Elle est étudiante en anglais. Elle travaille aussi dans un cinéma, place Sainte-Foy. Elle adore les films américains.

a. ....

b. ....

c. ....

d. ....

e. ....

Grammaire

3 **Complétez par le verbe *aller*.**

a. Tu .... au théâtre.   **d.** Je .... au cinéma.

b. Alice et Chris .... à la plage.   **e.** Vous .... à Bruxelles ?

c. On .... à l'opéra.   **f.** Nous .... à l'université.

4 **Complétez par le verbe *venir*.**

a. Tu .... avec moi à l'université ?   **d.** Non, nous ne .... pas avec toi.

b. Oui, je ....   **e.** Les amis de Paul .... avec moi.

c. Vous .... avec moi ?

5 **Transformez ces phrases avec *on*.**

a. Nous habitons à Bruges. → *On* ....

b. Nous ne travaillons pas. → ....

c. Nous sommes étudiants. → ....

d. Nous aimons lire.→ ....

6 **Posez les questions avec *Qui est-ce ?* ou *Qu'est-ce que c'est ?***

a. .... ? Ce sont des amis.   **d.** .... ? C'est Marine, une amie.

b. .... ? C'est une photo de moi.   **e.** .... ? Ce sont des magazines français.

c. .... ? Ce sont des cadeaux.   **f.** .... ? C'est un peintre japonais.

7 Mettez ces phrases au pluriel.

a. Il y a un musicien américain. → ....

b. C'est une photographe japonaise. → ....

c. Il y a l'ami de Zoé. → ....

d. C'est un journaliste iranien. → ....

e. C'est un magazine italien. → ....

f. Il y a un film excellent. → ....

Regarder et reconnaître

8 Où sont-ils ?

a. *Ils sont* à Paris
....

b. ....
.... université.

c. ....
...............cinéma.

d. ....
.... Genève.

e. ....
.... opéra.

f. ....
.... plage.

g. ....
.... Québec.

h. ....
....

Lire

9 Devinettes : Qu'est-ce que c'est ? Qui est-ce ?

a. C'est une petite ville française.
Il y a une belle plage.
Il y a un festival
de cinéma très célèbre.
b. Il est français.
Il habite en Bretagne.
Il n'aime pas les Romains.
Il est grand et gros.
Il est très célèbre.

Unité 2

Leçon 8

Qu'est-ce que vous aimez ?

Elle est comment ?

1 Elle est sympa

– Regarde, ce sont les photos de Noël.
– Tu es très bien. Florence aussi.
  Et elle, la petite brune, qui est-ce ?
– Anne. C'est la nouvelle amie de Tom.
– Ah bon ! Elle est comment ?
– Sympa…

Compréhension orale

Écoutez et répondez.
Qui est Anne ? ....
Elle est comment ?

2 Il arrive demain

Oscar : Lucas, j'ai un problème : le professeur Henderson arrive de Chicago demain à 18 heures et je travaille.

Lucas : Moi, je suis libre. Je vais à l'aéroport. Il est comment ? Blond ? Brun ? Roux ?

Oscar : Pas du tout, il a les cheveux blancs, un peu longs. Il a une queue de cheval, une barbe, des lunettes… Il est très grand et très maigre.

Lucas : D'accord.

Compréhension orale

Écoutez et répondez.
Dessinez le professeur Henderson.

Phonétique

■ **le féminin de certains adjectifs**

Écoutez et répétez :
a. il est grand, elle est grande
b. il est blond, elle est blonde
c. il est petit, elle est petite
d. il est roux, elle est rousse
e. un cheveu blanc, une barbe blanche

Grammaire

■ Le féminin des adjectifs (4)

Il y a plusieurs possibilités :

a. masculin = féminin (à l'oral et à l'écrit)　　　*il est libre, elle est libre – il est maigre, elle est maigre*

b. masculin = féminin à l'oral / masculin ≠ féminin à l'écrit　　*il est joli, elle est jolie – il est turc, elle est turque*

c. à l'oral, féminin = masculin + consonne(s)

+ /ch/	*il est blanc, elle est blanche*	+ /g/	*il est long, elle est longue*
+ /d/	*il est grand, elle est grande*	+ /s/	*il est roux, elle est rousse*
	il est blond, elle est blonde	+ /t/	*il est petit, elle est petite*

d. masculin ≠ féminin

il est beau, elle est belle – il est bon, elle est bonne – il est brun, elle est brune

⚠️ il a les cheveux blonds ➜ il est blond　　MAIS　　il a les cheveux blancs ≠ il est blanc

il a les cheveux noirs ➜ il est brun　　　　　　　il a les cheveux noirs ≠ il est noir

il a les cheveux bruns ➜ il est brun

il a les cheveux roux ➜ il est roux

Verbes

arriver

Pronoms et noms

un aéroport
une barbe
les cheveux (m.)
des lunettes (f.)
un problème
une queue-de-cheval

Adjectifs

blanc/blanche
blond(e)
brun(e)
grand(e)
libre
long/longue
maigre
roux/rousse
sympathique (= sympa)

Mots invariables

demain

Manières de dire

Elle est comment ?
(personnalité ou
caractéristiques
physiques)
Tu es très bien !

Ils parlent tous français !

1. Ils parlent tous français et cherchent des amis. Lisez les petites annonces.

> **Dialo.** Je suis sénégalais, j'habite à Dakar, j'ai 26 ans. Je suis très grand, j'aime le basket, la musique et la danse africaines. Je cherche une amie francophone.

> **Stéphanie.** J'habite à Bruxelles, j'ai 25 ans, je suis étudiante en économie. J'aime le cinéma, je parle français, allemand et anglais. J'adore l'Afrique, je cherche des amis africains.

> **Nicolas.** J'habite à Paris, j'ai 26 ans, je suis steward. J'aime le jazz et j'adore danser. Je parle français, espagnol et anglais. Je cherche un(e) ami(e) pour habiter avec moi.

> **Diane.** J'habite à Montréal, je suis québécoise, je travaille à l'office du tourisme. J'ai 29 ans. J'aime beaucoup voyager et je ne connais pas l'Europe. Je cherche des amis belges, suisses ou français.

> **Joseph.** Je suis haïtien. J'ai 23 ans, je suis étudiant à l'université de Port-au-Prince. J'adore danser. Je vais en France en échange universitaire. Je cherche des amis français à Paris.

2. Associez ces personnes. Qui va avec qui ?

Dialo ➜ ....　　　　Diane ➜ ....

Stéphanie ➜ ....　　　Joseph ➜ ....

Nicolas ➜ ....

3. À votre tour, faites une petite annonce, dites comment vous êtes et exprimez vos goûts.

Exercices et activités

Écouter

1 ◎ **Écoutez et cochez ce que vous entendez.**

a. ☐ Vous avez des lunettes ?   ☐ Vous voulez des lunettes ?

b. ☐ C'est la nouvelle amie de Tom.   ☐ C'est la petite amie de Tom.

c. ☐ Il arrive demain à 15 heures   ☐ Il est là demain à 5 heures.

d. ☐ Il est grand, blond et très maigre.   ☐ C'est un petit blond très maigre.

Grammaire

2 **Mettez au féminin (attention à la phrase d).**

a. Il est grand et blond. → Elle est .... et ....

b. Il est petit, roux et très maigre. → Elle est ...., ... et ....

c. Il est beau, il est brun, il est turc. → Elle est ...., elle est ...., elle est ....

d. Il est journaliste, il est sympathique. → Elle est ...., elle est ....

3 **Entourez l'adjectif correct.**

a. C'est une amie *japonais / japonaise*.

b. Genève est une ville très *joli / jolie*.

c. Ce sont des étudiants *suisses / allemandes*.

d. Ce sont des photos très *intéressants / intéressantes*.

e. Désolé, je suis un touriste *anglais / anglaise*.

f. Tu viens ? C'est un *excellent / excellente* film.

4 **Mettez ces phrases au pluriel.**

a. C'est une photo très célèbre de Doisneau. → ....

b. C'est la nouvelle amie de Karen. → ....

c. C'est un musicien, il travaille à l'opéra de Bruxelles. → ....

d. Elle va au musée du Louvre. Il préfère aller au cinéma. → ....

5 **Complétez avec j(e), tu, on, nous, vous ou ils.**

a. .... va au cinéma. .... viens avec nous ?

b. .... adorons l'opéra et .... allons voir *La Tosca*.

c. .... sont chinois, ... sont en vacances, ... visitent le Canada.

d. .... suis sénégalais et .... habite à Dakar.

e. .... connaissez l'Afrique ? Moi, ... vais souvent au Mali ! C'est très beau !

Regarder, lire

6 **Regardez ce dessin. Lisez la description et corrigez le texte.**

Elisa est très grande et maigre.

Elle a des yeux noirs et des lunettes.

Elle a les cheveux blonds et très longs.

7 **Un crime affreux rue de Paradis ! Voilà le signalement du suspect numéro 1.**

C'est un homme petit et très maigre. Il est blond et ses cheveux ne sont pas longs.

Il a une barbe et des lunettes. Il a les yeux bruns.

Il a un manteau noir.

Qui est-ce ?

À vous de faire !

8 **Choisissez un des deux projets.**

• **Projet 1 :** DÉCOUVRIR UNE VILLE, TOULOUSE

Cherchez sur la carte (page 2 de couverture) où est Toulouse. Cherchez sur Internet des informations sur la ville et des photos. Choisissez trois photos et écrivez sous chaque photo une petite phrase d'explication.

• **Projet 2 :** ON SORT CE SOIR !

Regardez le programme. Vous choisissez un spectacle (un film, une pièce de théâtre, un concert…) et vous écrivez un petit e-mail pour proposer à un ami de venir avec vous.

LA FLÛTE ENCHANTÉE
de Mozart
Mise en scène : *Peter Brook*
Théâtre des Bouffes-du-Nord – Paris 10ᵉ
Du mardi au vendredi :
21 h, samedi : 15h30 et 21 h – 22/27 €

Samedi à 20 h
Concert de rock à l'Olympia
28 boulevard des Capucines – Paris 9ᵉ

IZIA
*une rockeuse à 100 000 volts
une voix extraordinaire*

---

*Des rivages de la Normandie
aux célèbres Nymphéas...*
Grande rétrospective du célèbre peintre impressionniste
CLAUDE MONET
(1840-1926)
au Grand Palais de 10 h à 22 h – 12 €

Cinémathèque française,
ce soir à 19h30

Nana
de Jean Renoir
une adaptation du roman d'Émile Zola
51 rue de Bercy – Métro Bercy (5 €)

●●● Récapitulons

Maintenant, **vous savez...**

- Compter jusqu'à 100
- Dire votre âge
- Parler de vos goûts
- Décrire une personne physiquement
- Poser des questions sur une personne, sur un objet

Maintenant, **vous connaissez...**

- La conjugaison des verbes *avoir*, *aller*, *venir* à toutes les personnes
- La phrase négative avec *ne … pas*
- Le pluriel des noms, des adjectifs et des verbes

Conseils pour apprendre

- **Pour comprendre un document oral**
  Écoutez l'enregistrement avec le livre fermé. Qui parle ? De quoi on parle ?
  Ça se passe où ? Quand ? Essayez de noter les mots que vous connaissez,
  que vous entendez plusieurs fois.
  Après deux ou trois écoutes, regardez le texte du dialogue et vérifiez.

- **Pour écrire**
  – Dans une phrase simple, il y a toujours un sujet et un verbe. Si le sujet est
    singulier, le verbe est aussi au singulier (*il travaille*). Si le sujet est pluriel, le verbe
    est aussi au pluriel (*ils travaillent*).
    Attention au pronom (*je, tu, il, elle, on, nous, vous, ils, elles*) et à la conjugaison
    des verbes.
    Presque toujours : **nous → ...ons** (*nous travaillons*) et vous **→ ... ez** (*vous travaillez*)

  – Dans un groupe nominal (déterminant + nom **ou** déterminant + nom + adjectif),
    tout s'accorde au masculin ou au féminin et au singulier ou au pluriel :
    ***des* petit*es* fill*es* brun*es*.**

- **Pour vous entraîner, répondez à ce petit questionnaire :**
  – Vous vous appelez comment ?
  – Vous avez quel âge ?
  – Vous habitez où ?
  – Qu'est-ce que vous faites ?
  – Qu'est-ce que vous aimez ?
  – Qu'est-ce que vous détestez ?
  – Vous êtes comment ?

3 Faire des projets

Unité 3

Faire des projets

Leçon 9

Qu'est-ce qu'on achète ?

1 On achète des cerises ?

– Oh, on achète des cerises ? Elles sont superbes et pas très chères !

– Pas chères ! Huit euros cinquante le kilo, c'est cher !

– Bon. Alors, on prend un ananas ? C'est combien, monsieur ?

– Seulement deux euros, et ils sont délicieux.

Compréhension orale

Écoutez et entourez la bonne réponse.

a. Les cerises, c'est combien ?	6,40 €	8,10 €	8,50 €
b. Et l'ananas ?	2 €	2,50 €	2,80 €

2 Qu'est-ce qu'on prend ?

Zoé : Qu'est-ce qu'on prend ?

Flo : Alors… Il faut des légumes. Des pommes de terre, une salade, une boîte de haricots verts…

Zoé : Et des fruits ! On achète des bananes ?

Flo : Bonne idée, les enfants adorent ça. Et des oranges. Elles sont superbes !

Zoé : C'est vrai ! Alors, un kilo de bananes, deux kilos d'oranges…

Ah, il faut aussi un paquet de café, un litre de lait… non, deux litres de lait…

Compréhension orale

Lisez et soulignez les fruits et les légumes du dialogue.
un épi de maïs – une salade – une tomate – une carotte – un ananas – une banane – un melon – des haricots verts – une pomme de terre – une orange

Phonétique

1. Distinction des sons [ə] et [e]
Quand vous entendez [ə], levez une main ; quand vous entendez [e], levez les deux mains.

2. L'expression intonative : l'exclamation et l'accent d'insistance
Écoutez et répétez : C'est cher ! – Ils sont délicieux ! – Les enfants adorent ça !

Verbes

acheter
prendre

Pronoms et noms

un fruit : un ananas,
une banane, une cerise,
une orange
un légume : une pomme
de terre, des haricots
verts (m.)
une boîte
le café
un enfant
un euro
un kilo
le lait
un litre
un paquet
une salade

Adjectifs

cher/chère
délicieux/délicieuse
superbe

Mots invariables

seulement

Manières de dire

C'est combien ?
C'est vrai !

Grammaire

■ Rappel : le pluriel des noms et des adjectifs

une orange, des oranges   *une orange délicieuse, des oranges délicieuses*

En général, pour le pluriel des noms et des adjectifs, on ajoute *-s*.

 Les noms et les adjectifs terminés par *-s* ou par *-x* sont identiques au singulier et au pluriel.

un ananas délicieux   *des ananas délicieux*

■ Le pluriel des verbes (2)

*C'est un ananas. – Ce **sont** des ananas.*

*Les ananas **sont** délicieux, les enfants ador**ent** les bananes.*

■ *Il faut* + nom singulier ou pluriel

Il faut un gâteau, des fruits, des légumes…

■ Rappel :

*Les cerises sont **belles** mais **chères**. MAIS Les cerises, **c**'est **beau** mais **cher**.*

■ L'expression de la quantité (1)

un kilo d'oranges   un litre de lait   un paquet de café   une boîte de haricots

Activité

Pour faire une salade de fruits, qu'est-ce qu'il faut ? Cochez les bonnes réponses.

☐ des cerises   ☐ un ananas   ☐ un croissant   ☐ une orange

☐ des haricots verts   ☐ un gâteau   ☐ une salade   ☐ une banane

Pour faire une salade de fruits, il faut : ....

9 Exercices et activités

Écouter

1 🔊 **Écoutez et cochez ce que vous entendez.**

a. ☐ Les cerises, c'est cher. ☐ Les cerises sont chères.

b. ☐ Il faut un gâteau. ☐ Ils font un gâteau.

c. ☐ Ils sont beaux, ces fruits. ☐ Ils sont bons, ces fruits.

d. ☐ Il fait un café. ☐ Il faut un café.

e. ☐ Je prends des oranges. ☐ Je prends deux oranges.

2 🔊 **L'intonation interrogative et d'insistance – Écoutez et répétez.**

a. C'est cher ? C'est très cher !

b. C'est bon ? C'est très bon !

c. C'est vrai, c'est bon ? C'est délicieux !

d. C'est beau ? C'est très beau !

e. C'est vrai, c'est beau ? C'est superbe !

3 🔊 **Les liaisons – Écoutez et lisez à haute voix.**

a. Qu'est-ce que c'est ?

C'est un euro. Ce sont des euros.

C'est une orange. Ce sont des oranges.

C'est un ananas. Ce sont des ananas.

b. Qui est-ce ?

C'est un étudiant. Ce sont des étudiants.

C'est un Italien. Ce sont des Italiens.

C'est un ami. Ce sont des amis.

Grammaire

4 **Singulier/pluriel – Réécrivez ce texte et remplacez « un » ou « une » par « deux ». Accordez les adjectifs et les noms.**

Je prends <u>un litre de lait</u>, un petit ananas, un kilo d'oranges, une baguette et une boîte de haricots verts. Ça fait combien ?

Je prends deux litres de lait, ...

....

....

Lire et écrire

5 **Complétez ce dialogue par des questions.**

– Bonjour, monsieur. Oh, ... ?

– Ce sont des gombos, des légumes.

– .... ?

– Oui, c'est très bon avec de la viande.

– .... ?

– C'est 7 € le kilo.

– Hum…, c'est un peu cher !

6 Liste surréaliste… Remettez de l'ordre dans cette liste pour aller au supermarché.
Vous pouvez aussi la compléter !

Un litre d'oranges	....
Un paquet de lait	....
Un kilo d'ananas	....
Une boîte de café	....
Un haricot vert	....
…	....

Communiquer

7 **Au marché de Padipado.**

(À faire classe entière ou deux par deux à l'oral. Vous pouvez préparer l'activité avec un dictionnaire.)
Vous êtes au marché de Padipado, en Afrique. Qu'est-ce que vous achetez ? (Attention, vous ne
prenez pas de produits avec « i » ou « o » qui s'entendent. Par exemple, des haricots, non !
mais des ananas, d'accord !)

Écouter, lire et dire

8 **Écoutez, lisez, apprenez.**

– Bonjour, mam'zelle,

les fruits sont superbes aujourd'hui…

– Bonjour, madame, c'est vrai !

Alors je prends un ananas,

deux oranges,

trois bananes,

quatre pommes,

cinq poires,

six kiwis

et beaucoup de cerises.

– Et voilà, mademoiselle,

une belle fraise pour le joli sourire !

C'est l'anniversaire de Marion

1 Il faut de la farine, du beurre…

– Alice voudrait un gâteau. Je fais les courses. Qu'est-ce qu'il faut acheter ?

– Il faut des œufs, du lait, de la farine, du beurre, un peu de sucre…

Compréhension orale

Écoutez et barrez les mauvaises réponses. Qu'est-ce qu'il faut pour le gâteau ?

de la farine – du chocolat – du café – des œufs – du sucre – du beurre – du lait

2 Qu'est-ce que je fais comme dessert ?

Elsa : Demain, c'est l'anniversaire de Marion. Qu'est-ce que je fais comme dessert ? Une salade de fruits ?

Paul : Non, un gâteau au chocolat. Elle adore ça. Avec vingt bougies !

Elsa : Oui, bien sûr ! Et comme plat ? Je fais du poisson ou de la viande ?

Paul : De la viande. Un beau gigot, par exemple.

Elsa : Oui, un gigot, c'est parfait ! Avec quoi ?

Paul : Avec des frites ! Beaucoup de frites ! Tout le monde aime ça. Et une bonne bouteille ! Vingt ans, ça s'arrose !

Compréhension orale

Écoutez et cochez le menu pour l'anniversaire de Marion.

☐ A	☐ B	☐ C
• Plat : un gigot avec des haricots verts • Dessert : un gâteau aux cerises	• Plat : un gigot avec des frites • Dessert : un gâteau au chocolat	• Plat : du poisson avec des pommes de terre • Dessert : une salade de fruits

Phonétique

■ **Les sons [œ] et [ø]**

Écoutez et répétez :

1. Le son [œ]   a. du beurre   b. il est jeune   c. un œuf

2. Le son [ø]   a. un peu   b. des œufs   c. deux œufs   d. c'est délicieux

3. Les sons [œ] et [ø]   Il faut un peu de beurre et des œufs.

Grammaire

■ **Conjugaison du verbe *faire***

Je fais   Nous faisons
Tu fais   Vous faites
Il/Elle/On fait   Ils/Elles font

■ **Les articles partitifs (*du, de la, de l'*) : pour les choses qu'on ne peut pas compter**

Observez.

un poisson  du poisson

une salade  de la salade

un ananas  de l'ananas

⚠ Un gâteau **au chocolat** (avec du chocolat) – un gâteau **à l'orange** (avec de l'orange) **mais** un gâteau **aux cerises** (avec des cerises)

■ **L'expression de la quantité (2)**

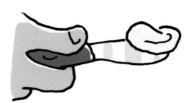 

*Il faut **un peu de** beurre.*   *Avec **beaucoup de** frites.*

⚠ *Tout le monde aim**e** ça !* → *Tout le monde* + verbe au singulier

⚠ *Qu'est-ce ce que je fais comme plat ? comme dessert ?* → pas d'article

---

Pronoms et noms

le beurre, du beurre
une bougie
une bouteille
le chocolat
un dessert
la farine, de la farine
des frites (f.)
un gigot
un œuf
un plat
un poisson, du poisson
le sucre, du sucre
une tarte
la viande, de la viande

Mots invariables

ou

Manières de dire

C'est parfait !
Ça s'arrose (ça se fête)
faire les courses
je voudrais, elle
voudrait… (pour
exprimer le désir,
le souhait)
par exemple
tout le monde

Jeu de rôle

(un client / un vendeur)
Vous êtes dans une petite épicerie.
Vous faites les courses avec une liste.
Vous demandez la quantité et le prix.
Vous achetez. Vous payez.

café (1 paquet)	oranges (1 kilo)
bananes (1 kilo)	ananas (1)
salade (1)	pommes de terre (2 kilos)
lait (1 litre)	œufs (6)

Exercices et activités

Grammaire

1 **Les verbes *être*, *avoir*, *aller*, *venir* et *faire* – Complétez et conjuguez comme dans l'exemple.**

Exemple : Qu'est-ce que je **fais** comme dessert ?

a. Vous .... quel âge ?

b. Je .... au cinéma. Il y a un film de Tim Burton. Tu .... avec moi ?

c. Comme plat, tu .... de la viande ou du poisson ?

d. Vous .... au supermarché ? Il faut acheter des fruits, des œufs et de la viande.

e. Marion .... étudiante. Elle .... vingt ans demain.

f. Je .... journaliste. Et vous, qu'est-ce que vous .... ?

2 **Cochez la forme correcte.**

a. Pour aller bien, il faut manger : ☐ une salade   ☐ de la salade   ☐ la salade

b. Qu'est-ce que j'achète ?   ☐ la viande ?   ☐ une viande ?   ☐ de la viande ?

c. Moi, j'adore :   ☐ le chocolat   ☐ du chocolat   ☐ un chocolat

d. Les enfants n'aiment pas :   ☐ un poisson   ☐ du poisson   ☐ le poisson

3 **Regardez le dessin et complétez la phrase.**

Sur la table, il y a deux ...., un paquet de ...., un litre de ....,
une boîte de ....

Jouer

4 **Rébus – Regardez les dessins et cherchez les mots dans votre dictionnaire.**

....

C'est l'............................ de Marion !

Vocabulaire

5 **Un modèle de régime alimentaire : le régime crétois.**

AVEC LE RÉGIME CRÉTOIS, ON PEUT VIVRE LONGTEMPS ET EN BONNE SANTÉ

Il faut manger beaucoup de fruits,
beaucoup de légumes
beaucoup de poisson
des céréales, du riz, des pâtes
un peu de fromage
pas beaucoup de viande

… et boire de l'eau, du lait
un peu de vin rouge (deux verres par jour)

Il faut utiliser seulement de l'**huile d'olive** pour faire la cuisine.

Il faut **manger lentement**, tranquillement, avec des amis ou avec la famille.

Il faut **faire du sport**, marcher, nager, danser…

Parmi ces trois menus, un seul correspond au régime crétois. Lequel ?

☐ **A**	☐ **B**	☐ **C**
Saucisson sec	Salade de tomates	Œufs durs mayonnaise
Poulet frites	Poisson grillé – riz	Bifteck – spaghettis à la crème
Gâteau au chocolat	Salade de fruits	Fromage – Glace

6 **Pour aller plus loin… Un peu de vocabulaire ! Regardez et lisez.**

un morceau de fromage	une tranche de jambon	un bouquet de fleurs	un pot de yaourt	une canette de coca

Écouter, lire et dire

7 🔊 **Écoutez et répétez.**

Pas chères, les belles oranges, pas chères…
Elles sont pleines de soleil
Venez, goûtez, elles vont vous plaire !
Une merveille !

Et les salades, elles sont bien fraîches
Vertes et croquantes
Il y a des pommes, il y a des pêches…
Un brin de menthe ?

C'est loin ?

Le Louvre, c'est loin ?

– Je voudrais aller au Louvre, s'il vous plaît. C'est loin ?

– Non, c'est tout près. Vous prenez la deuxième rue à gauche. C'est là !

Compréhension orale

Écoutez et cochez la bonne réponse.

Elle voudrait aller…

☐ à Montmartre

☐ à la tour Eiffel

☐ au Louvre

2 Je voudrais aller à Montmartre.

– Pardon, monsieur, pour aller à Montmartre, s'il vous plaît ?

– Prenez le métro ou le bus 85, c'est direct.

– Et à pied ?

– Ah, à pied, c'est un peu loin.

Compréhension orale

Écoutez et cochez la bonne réponse.

Montmartre c'est un peu loin…   ☐ avec le bus   ☐ avec le métro   ☐ à pied

3 C'est à dix minutes à pied.

– Oh là là ! Mais où est la gare !

– On demande à quelqu'un ?

– Oui. (…) Pardon, madame, nous sommes perdus. Nous cherchons la gare du Nord.

– La gare du Nord ? C'est facile. Allez tout droit. Après la banque, c'est la première rue à droite.

– C'est loin ?

– Non, dix minutes à pied.

– Merci beaucoup.

– Je vous en prie.

Compréhension orale

Écoutez et cochez la bonne réponse.

La gare du Nord, c'est…

☐ tout droit et à gauche

☐ tout droit et à droite

☐ à gauche et après à droite

Phonétique

■ **Les sons** [u] **et** [y]

Écoutez et répétez :

1. Le son [u]	a. Bonjour !	b. Tout le monde est là ?	c. Vous êtes journaliste ?
2. Le son [y]	a. Il habite rue du Bac.	b. Une minute, s'il te plaît !	c. Salut !
3. Les sons [u] et [y]	a. Salut, tout le monde !	b. La rue du Louvre, s'il vous plaît ?	
	c. Tu aimes le foot ?	d. Pas du tout ! J'aime le judo !	

Verbes
chercher
demander

Pronoms et noms
un autobus (un bus)
une banque
une gare
le métro
une minute

Adjectifs
direct(e)
facile
perdu(e)
premier/première
deuxième
troisième

Mots invariables
après
là
loin
près (tout près)
quelqu'un

Pour communiquer
prendre le bus
prendre le métro
prendre une rue
aller à pied
aller tout droit
à gauche
à droite
Je vous en prie

Grammaire

■ **Le verbe *prendre* (suite)** → Précis grammatical page 132

■ **L'impératif (1)**

Pour conseiller ou ordonner quelque chose. On supprime le pronom sujet.

Écoutez – Cochez la bonne réponse – Lisez – Regardez ! – Venez ! – Allez tout droit ! – Prenez la première rue à gauche – Prenez le bus ! – Répondez, s'il vous plaît !

■ ***Je voudrais* + infinitif**

Je voudrais aller au Louvre. – Tu voudrais connaître Paris ?
Il voudrait faire un gâteau.

■ ***C'est* + adverbe**

– C'est loin ? – Non, c'est près, c'est tout près.

Jeu de rôle

Vous êtes à Paris. Expliquez à un touriste le chemin pour aller du métro de la place de la République à la rue Dupuis. Utilisez l'impératif.

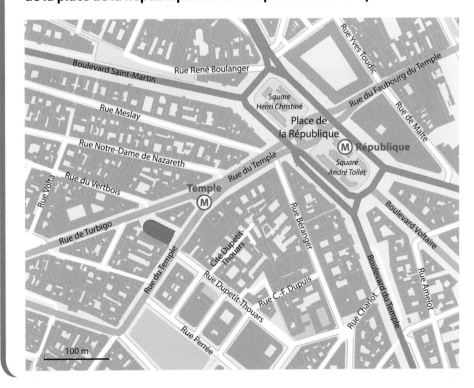

11 Exercices et activités

Écouter

1 Écoutez deux fois ces phrases. Vous entendez [u] ou [y] ? Cochez.

	a	b	c	d	e	f	g
[u]							
[y]							

2 Écoutez et indiquez par une lettre le schéma qui correspond.

1 → ....   2 → ....   3 → ....   4 → ....   5 → ....

3 Écoutez et complétez.

1. a. Pour .... à l'Odéon, s'il vous .... ?

b. C'est ...., allez ...., puis prenez la deuxième .... à ....

c. C'est .... ?

d. Non, c'est tout ...., 10 .... à pied.

2. a. S'il vous plaît, je voudrais .... à Saint-Germain, je suis ....

b. ...., c'est un peu .... Prenez le bus 92, c'est ....

Communiquer

4 Donnez des conseils avec l'impératif.

Exemple : Sam ne lit pas. → *Lis !*

a. Les enfants ne dorment pas. → .... !

b. Pierre a rendez-vous dans 5 minutes et il est en retard. → .... !

c. Marie ne mange rien. → .... !

d. Vous proposez à Thomas d'aller à Versailles ensemble. → .... !

e. Vous conseillez à Jenny de prendre le métro. -→ .... !.

5 Mettez les verbes entre parenthèses à la forme correcte.

a. Nous (*chercher*) .... un bus direct pour (*aller*) .... à l'Opéra.

b. Les touristes (*être*) .... perdus ; ils (*demander*) .... où est la gare.

c. Qu'est-ce que vous (*faire*) .... ? Nous (*aller*) .... au cinéma. Vous (*venir*)
.... ?

d. Pour faire ce gâteau, il (*falloir*) .... du beurre, des œufs, de la farine et du sucre.

6 **Lisez ce mail et répondez aux questions.**

De :   Marion
À :   Lisa

Chère Lisa,
Enfin, tu viens à Bruges ! C'est super ! Viens à la maison. Pour aller chez moi, c'est facile :
à la gare, prends le bus 16, c'est direct. Ou prends un taxi, ce n'est pas cher. Descends à l'arrêt
Vismarkt (« marché aux poissons », en flamand). J'habite dans la rue après le marché,
rue Braambergstraat, au numéro 35. C'est tout près, 5 minutes à pied.
Ici, c'est bien, on parle flamand, mais aussi anglais et un peu français. Pas de problème !
Bises.
Marion

a. Où habite Marion ? ....

b. Qui vient à Bruges ? ....
....

c. Après la gare, comment elle arrive
chez Marion ?.....................................
....
....

d. Le bus est direct ? ....
....

e. Marion habite loin du marché aux poissons ? ....

f. Qu'est-ce qu'on parle à Bruges ? ....

7 **Votre amie belge, Marion, vient vous voir. Vous lui envoyez un e-mail pour lui expliquer
comment on va de l'aéroport à votre maison.**

De :   ....
À :   Marion

Chère Marion,
....
....
....
....
....
....
....
....
....
....
....

Unité 3

Leçon 12

Je voudrais voir ça...

1 Une très belle expo

Bruno : Il y a une expo de Soulages. C'est très beau, je crois !
Viens avec moi !

Sam : C'est où ?

Bruno : Au Centre Pompidou.

Sam : Ah, c'est tout près de chez moi. Super !

Compréhension orale

Écoutez et complétez.
a. Il y a une .... de Soulages.
b. C'est au .... Pompidou.
c. Super ! C'est tout ....
de chez .... !

2 Une folie !

Le 31 décembre, faites une petite folie !
Allez chez Maxim's pour dîner !

Compréhension orale

Écoutez et cochez ce que vous entendez.
Dînez chez Maxim's : ☐ le 11 décembre   ☐ le 21 décembre
☐ le 31 décembre

3 Week-end au Mont-Saint-Michel

Léo : On a un grand week-end : vendredi, samedi,
dimanche. Qu'est-ce qu'on fait ?

Mick : On fait un petit voyage ?
Je voudrais voir les châteaux de la Loire. D'accord ?

Léo : Hum… C'est un peu loin, non ? J'ai une idée :
allons au Mont-Saint-Michel

Mick : Oui, très bien ! On part en voiture
ou en train ?

Léo : Moi, je préfère le train.
Prends les billets, s'il te plaît.

Mick : D'accord. Je fais ça tout de suite
sur Internet.

Compréhension orale

Vrai ou faux ?	Vrai	Faux
a. Ils vont au Mont-Saint-Michel.	☐	☐
b. Ils prennent le train.	☐	☐
c. Mick achète les billets à la gare.	☐	☐

Phonétique 🎧

■ **Les sons [wa], [wi] et [wɛ̃]**
Écoutez et répétez :
a. – C'est toi, Louis ?
b. – Oui, oui, c'est moi.
c. – On va chez François ?
d. – Ah non, c'est loin !
e. – Tu aimes le poisson ?
f. – Moi, oui. Et toi ?

Grammaire

- **L'impératif (2)** Trois personnes : *tu, nous, vous*

  Rappel : pas de pronom sujet !

  Viens avec moi ! – *Allons* au Mont-Saint-Michel !

  *Le 31 décembre, **faites** une petite folie, **allez** chez Maxim's pour dîner !*

- On va à Montmartre **à** pied, **en** voiture, **en** bus.

  On prend le train, la voiture, le bus… = on part **en** train, **en** voiture, **en** bus…

   Différence :

  entre le verbe *aller* (du point où je suis vers le point où je vais) :

  – *Où tu vas ?*

  – *Je vais au cinéma.*   • (je) ==> cinéma

  et le verbe *venir* (à partir d'où je suis) :

  Je suis chez moi. Tu viens ?   • chez moi <== (tu)

- ***chez + quelqu'un :***

  Je vais chez Marina. – On va chez toi ? – Je vais chez des amis.

Visitez la France !

Les grands sites touristiques de France (2009)

	Sites touristiques	Nombre de visiteurs	Accès gratuit
1	Disneyland Paris	15 300 000	
2	Notre-Dame de Paris	13 600 000	X
3	Le marché aux puces de Saint-Ouen (Paris)	11 millions	X
4	La basilique de Montmartre (Paris)	10 500 000	X
5	le musée du Louvre (Paris)	8 423 000	
6	La tour Eiffel	6 930 000	
7	Le château de Versailles	5 613 850	
8	Le Centre d'art moderne Pompidou (Paris)	5 483 941	
9	La Cité des sciences de la Villette (Paris)	3 042 000	
10	Le musée d'Orsay (Paris)	3 025 164	
11	Le Parc Astérix	1 800 000	
12	Le Parc du Futuroscope de Poitiers	1 610 000	
13	Le musée du Quai-Branly (Paris)	1 389 427	
14	La Galerie nationale du Grand Palais (musée - Paris)	1 280 410	
15	L'abbaye du Mont-Saint-Michel	1 202 704	

1. Parmi ces sites, combien sont :

   a. des parcs d'attraction ?   **b.** des musées ?   **c.** à Paris ?

2. Présentez un de ces sites. Cherchez des informations sur Internet.

Grammaire

1 *Au, à la, à l'* ou *chez* ? Complétez.

(Attention ! Les mots terminés en -*thèque* et en -*erie* sont féminins, les mots terminés en -*ée* aussi sauf *musée* et *lycée*.)

a. J'ai rendez-vous .... bibliothèque.

b. Moi, je vais .... cinéma. Tu viens ?

c. Nous allons .... musée du Louvre demain matin.

d. Je ne peux pas aller .... aéroport ! Je ne suis pas libre demain.

e. On se retrouve .... toi, ... moi ou .... Bruno ?

f. Tu peux aller .... boulangerie, s'il te plaît ?

2 *Aller* ou *venir* ? Complétez.

– Tiens, salut, Pierre ! Tu .... où ?

– Je .... chez François et après, nous .... au cinéma. Tu .... avec nous ?

– Non. Impossible. Je .... à l'université. J'ai un cours à cinq heures.

Chercher et imaginer

3 **Avec votre dictionnaire, proposez dix moyens de locomotion.**

a. *la voiture*

b. ....

c. ....

d. ....

e. ....

f. ....

g. ....

h. ....

i. ....

j. ....

Réfléchir

4 **Réfléchissez deux par deux.**

Pourquoi dit-on : **à** pied, **à** bicyclette, **à** cheval... mais **en** bus, **en** voiture, **en** train, **en** métro ?

....

Lire

5 **Reliez.**

a. Pour être écologiste, •   • **1.** il faut manger des fruits, des légumes, du poisson.

b. Pour faire des progrès en français, •   • **2.** il faut manger peu et faire du sport.

c. Pour un régime équilibré, •   • **3.** il faut prendre l'avion.

d. Pour vivre longtemps, •   • **4.** il faut aller à bicyclette et pas en voiture.

e. Pour aller de Montréal à Paris, •   • **5.** il faut écouter la radio, surfer sur Internet...

Imaginer, parler, jouer

6 **Jeu de rôle – Vous allez dîner chez Maxim's.**

(trois personnes : deux clients + un serveur/une serveuse)

a. Comment vous vous habillez ?

b. Qu'est-ce que vous voulez manger ? Choisissez sur le menu.

c. Combien vous allez payer ?

Écouter et chanter

7 **Écoutez et chantez cette ronde enfantine du XVe siècle.**

Nous n'irons plus au bois

Les lauriers sont coupés

La belle que voilà

Ira les ramasser

Entrez dans la danse,

Voyez comme on danse,

Sautez, dansez,

Embrassez qui vous voudrez.

Lire et se promener à Paris

8 **Conseils pour un touriste à Paris. Cherchez sur Internet les réponses que vous ne connaissez pas.**

a. Pour voir des tableaux de Renoir, Van Gogh, Gauguin, allez ....

b. Pour voir Mickey Mouse, allez ....

c. Pour acheter des objets pas chers, allez .... C'est gratuit !

d. Pour voir Paris à vos pieds, allez .... (c'est gratuit !)

ou montez en haut de la .... (comme 7 millions de personnes chaque année).

À vous d'agir !

9 **Projet.**

• **Cherchez sur Internet des informations et des photos sur des personnes ou des personnages français célèbres d'aujourd'hui.**

Par exemple : Astérix le Gaulois, Christian Lacroix, Carla Bruni, Charlotte Gainsbourg, Romain Duris, Yannick Noah…

• **Présentez-les à la classe.**

●●● Récapitulons

Maintenant, vous savez...

- Faire des courses
- Faire un menu
- Donner des indications sur une quantité, un prix
- Proposer à quelqu'un de faire quelque chose
- Vous situer ou situer quelque chose dans l'espace, poser une question sur un itinéraire, demander votre chemin

Maintenant, vous connaissez...

- *Il faut* + nom
- *Je voudrais* + nom, *je voudrais* + infinitif
- La conjugaison des verbes *aller*, *venir* et *faire* à toutes les personnes
- La différence entre *aller* et *venir*
- Les partitifs et l'expression de la quantité
- L'impératif

Conseils pour apprendre

- Pour mémoriser le vocabulaire, faites votre petit dictionnaire personnel : notez dans un cahier tous les mots nouveaux dans l'ordre alphabétique. Pour les noms, précisez masculin (m) ou féminin (f).

- Pour apprendre les conjugaisons, écrivez-les dans votre cahier et mémorisez les terminaisons.

- Rappel :
  - Avec **tu**, toujours un **-s** sauf *je veux*, *je peux*.
  - Avec **nous**, toujours **-ons** sauf *nous sommes*.
  - Avec **vous**, toujours **-ez** sauf *vous êtes*, *vous faites*.
  - Avec **ils**, **elles**, toujours **-ent** sauf *ils sont*, *ils ont*, *ils font*, *ils vont*.

Leçon 13

Quelle heure est-il ?

➤ **Objectifs**
- se situer dans le temps (1) – demander et donner l'heure
- les verbes pronominaux (rappel du présent et de l'impératif) – le futur proche

Leçon 14

Je voudrais un rendez-vous…

➤ **Objectifs**
- se situer dans le temps (2) – prendre rendez-vous – les jours de la semaine – heure familière, heure officielle
- le verbe *pouvoir* + infinitif – *tout, toute* – *quel, quelle*

Leçon 15

Qu'est-ce que tu as fait hier ?

➤ **Objectifs**
- se situer dans le temps (3) – parler du passé – parler de sa famille (1)
- le passé composé avec l'auxiliaire *avoir* (1) – les adjectifs possessifs (1)

Leçon 16

Une famille de toutes les couleurs

➤ **Objectifs**
- se situer dans le temps (4) – parler de sa famille (2)
- le passé composé avec l'auxiliaire *avoir* (2) – les adjectifs possessifs (2) – révision du genre des adjectifs – place des adjectifs

Unité 4

Leçon

13

Quelle heure est-il ?

1 Il est huit heures et demie à Paris.

– Tu as l'heure, s'il te plaît ?

– Huit heures et demie.

– Et à Hongkong, quelle heure est-il ?

– Euh… Deux heures et demie, je crois.

– Je vais appeler Hélène. À deux heures et demie, elle est au bureau.

Compréhension orale

Écoutez et répondez.

Il est quelle heure à Paris ? ....

Et à Hongkong ? ....

2 Debout ! C'est l'heure !

(7h00) **La mère :** Les enfants, debout ! Il est 7 heures. Réveillez-vous ! Vous vous douchez et moi, je vais préparer le petit déjeuner.

Alice : Je suis fatiguée. Je voudrais dormir encore un peu.

La mère : Non, pas question ! Et l'école ? Allez, hop, debout ! Et tout de suite !

(7h30) **La mère :** Allez. Dépêchez-vous ! Alice, s'il te plaît, réveille-toi ! Tu dors !

Théo, attention avec la confiture ! Oh là là !

(8h00) **La mère :** Oh ! 8 heures ! On part ! Vite ! Habillez-vous.

Compréhension orale

Écoutez et complétez.

a. La mère réveille les enfants à .... heures. Ils prennent le .... à sept heures et demie. Ils partent à l'école à .... heures.

b. Ils se .... ; la mère .... le petit déjeuner.

Phonétique

■ **Le son [ʀ]**

Écoutez et répétez :

1. Le son [ʀ] en initiale	**a.** un restaurant	**b.** la rue de Rivoli	**c.** Regardez !	**d.** Répondez !
2. Le son [ʀ] à l'intérieur d'un mot	**a.** C'est vrai	**b.** Très bien	**c.** Merci	**d.** Pardon !
3. Le son [ʀ] en finale	**a.** Il est huit heures	**b.** Huit heures et quart	**c.** Allez, on part !	**d.** Je voudrais dormir

Verbes

appeler
se dépêcher
se doucher
s'habiller
préparer
se réveiller

Pronoms et noms

le bureau
la confiture
l'école (f.)
midi
le petit déjeuner
le quart

Adjectifs

demi(e)
fatigué(e)
quel/quelle

Mots invariables

debout – encore – vite

Pour communiquer

Attention ! – Allez !
S'il te plaît !

Manières de dire

avoir l'heure
C'est l'heure !
Quelle heure est-il ?
Pas question !
tout de suite

Grammaire

■ **Conjugaison**

a. Les verbes pronominaux au présent (*s'appeler*, *s'habiller*, *se dépêcher*, *se doucher*, *se réveiller*…) → Précis grammatical page 126

Exemple : *se doucher*

Je **me** douche	Tu **te** douches	Il/Elle/On **se** douche
Nous **nous** douchons	Vous **vous** douchez	Ils/Elles **se** douchent

b. Les verbes pronominaux à l'impératif

se dépêcher	Dépêche-toi !	Dépêchons-nous !	Dépêchez-vous !
s'habiller	Habille-toi !	Habillons-nous !	Habillez-vous !
se réveiller	Réveille-toi !	Réveillons-nous !	Réveillez-vous !

■ **Le futur proche** – Pour parler de quelque chose de proche dans le futur :

*Il est midi. Je **vais appeler** Hélène à deux heures et demie, après le déjeuner.*

*Il est huit heures et quart ! Vite ! Je **vais préparer** le petit déjeuner (= huit heures et demie)*

■ **Demander et dire l'heure**

Quelle heure est-il ? Il est 7 heures, il est 11 heures et demie.

Il est sept heures et quart   Il est midi moins vingt   Il est trois heures moins le quart

Il est cinq heures et quart   Il est sept heures et demie   Il est midi dix

Activité

Une journée de Théo et Alice. Qu'est-ce qu'ils font ? Écrivez.

Les enfants ....   Ils ....   Ils ....

Ils ....   Ils ....   Ils ....

Exercices et activités

Écouter et dire

1 🎧 **Prononciation – Écoutez et répétez.**

– Quelle heure est-il ?　　　– Il est une heure.　　　– Il est deux heures.

– Il est quatre heures.　　　– Il est cinq heures.　　　– Il est sept heures.

– Il est neuf heures.　　　　– Il est dix heures et demie.　　– Il est midi et quart.

Écouter

2 🎧 **Écoutez et cochez ce que vous entendez.**

a. ☐ Debout, il est cinq heures. 　　☐ Debout, il est sept heures.

b. ☐ Réveillez-vous !　　　　　　☐ Dépêchez-vous !

c. ☐ S'il te plaît, réveille-toi.　　　☐ S'il te plaît, habille-toi !

d. ☐ Je vais appeler Hélène.　　　☐ Je veux appeler Hélène.

e. ☐ Oh, 7 heures, on part !　　　☐ Oh, 8 heures, on part !

Grammaire

3 **Complétez ces verbes pronominaux au présent.**

Je …… dépêche.　　　　Vous …… habillez.　　　　Tu …… douches.

Nous …… réveillons.　　Il …… appelle Lucas.　　　Elles …… préparent.

Vous …… dépêchez.　　Je …… habille.

4 **Qu'est-ce qu'on dit ?　Associez une situation et un ordre.**

a. Allez, vite ! Le cours de français est à 14 h.　•　　•　**1.** Douche-toi !

b. Vous n'êtes pas habillés.　　　　　　　　　•　　•　**2.** Dépêchons-nous !

c. Tu n'es pas douché.　　　　　　　　　　　•　　•　**3.** Réveillez-vous !

d. Vous dormez, il est 7 heures.　　　　　　　•　　•　**4.** Allons voir un film !

e. Tu es fatiguée.　　　　　　　　　　　　　•　　•　**5.** Habillez-vous !

f. Toi et moi, nous adorons le cinéma.　　　　•　　•　**6.** Repose-toi !

Écrire

5 **Quelle heure est-il ? Qu'est-ce que vous faites ?**

a.　　　　　**b.**　　　　　**c.**　　　　　**d.**　　　　　**e.**

Il est ……………　Il est ……………　Il est ……………　Il est ……………　Il est ……………

Je ……………　Je ……………　Je ……………　Je ……………　Je ……………

Lire et comprendre

6 **Lisez ce texte puis cochez la ou les bonne(s) réponse(s).**

Passez un week-end à Genève à prix doux !
(CHF 99.-)*

Genève est une petite capitale très jolie mais c'est aussi une ville suisse très importante : la Croix-Rouge et le siège européen de l'Organisation des Nations unies (ONU) sont à Genève.

Il y a aussi beaucoup de choses à voir et à faire : des musées, un programme culturel très riche, des activités sportives sur le lac et à la montagne.

On peut aller au restaurant, au théâtre, danser… Genève, c'est aussi des grands parcs et des jardins superbes pour se relaxer.

Avec ce forfait, partez à Genève pour un week-end magnifique et pas cher !

Réservation sur Internet : geneva@tourisme.ch

Pour aller à Genève, on peut prendre le train (en TGV : Paris/Genève 3h30), l'avion ou la voiture.

* Le prix comprend une nuit d'hôtel, la 1/2 pension et les bus dans Genève.

a. Ce document est : ☐ une publicité ☐ un article de journal ☐ un mail ☐ une carte postale

b. Où est Genève ? ☐ en France ☐ en Belgique ☐ en Suisse ☐ au Luxembourg

c. C'est une ville : ☐ petite ☐ grande ☐ jolie ☐ vieille ☐ nouvelle

d. À Genève, il y a : ☐ la mer ☐ un lac ☐ la montagne ☐ un opéra ☐ des théâtres

e. On peut : ☐ voir des musées ☐ danser ☐ faire du sport ☐ se relaxer

f. On peut aller à Genève : ☐ en train ☐ en avion ☐ en bateau ☐ à bicyclette ☐ en voiture

g. Pour 99 francs suisses, on a :

1. ☐ une nuit d'hôtel   **2.** ☐ l'avion Paris/Genève   **3.** ☐ le TGV Paris/Genève

4. ☐ une place de théâtre   **5.** ☐ la pension complète   **6.** ☐ le petit déjeuner

7. ☐ le dîner   **8.** ☐ les bus dans Genève   **9.** ☐ le métro dans Genève

10. ☐ l'entrée au parc municipal

Écouter, lire et dire

7 🎧 **Écoutez, puis jouez ce dialogue à deux.**

– Debout !

– Non, j'ai sommeil…

– Allez, réveille-toi ! Lève-toi !

– D'accord, je me réveille, je me lève.

– Habille-toi !

– Ok, je m'habille.

– Prends ton sac !

– Mais oui, je prends mon sac

– Allez, vite, tu…

– Oh là là ! Stop ! D'accord, d'accord, je pars !

Unité 4

Leçon

14

Je voudrais un rendez-vous...

1 Je voudrais un rendez-vous...

– Bonjour, mademoiselle. Je voudrais un rendez-vous avec le docteur Roux, s'il vous plaît.

– Oui. Quand ? Jeudi à 15h15, ça va ?

– Demain, ce n'est pas possible ?

– Demain mercredi... Oui mais le soir. Vous pouvez venir à 18h45 ?

– Sept heures moins le quart ? Oui, c'est parfait. Merci beaucoup.

– Vous êtes madame... ?

Compréhension orale

Écoutez et entourez la bonne réponse.

a. Le rendez-vous est :	mercredi	jeudi	vendredi	samedi
b. À quelle heure ?	13h15	15h45	18h15	18h45

2 Déjeuner de travail

Michel : Allô, Jacques, c'est Michel, comment allez-vous ?

Jacques : Très bien, merci.

Michel : On peut se voir la semaine prochaine pour le projet Hudson ? Oui ? Quel jour ?

Jacques : Attendez... lundi prochain, vous êtes libre l'après-midi ?

Michel : Non, désolé, lundi, je suis à Bruxelles toute la journée. Et mardi ? Le matin ?

Jacques : Mardi, mardi... À quelle heure ?
J'ai un rendez-vous à onze heures.
On se retrouve à 11h45 ?
Je suis libre tout l'après-midi.
On déjeune ensemble ?

Michel : Très bien. À mardi !

Compréhension orale

Écoutez et complétez.

Michel et Jacques prennent .... pour parler d'un projet. Michel n'est pas .... lundi : il est à Bruxelles. Ils vont se retrouver à .... moins le quart pour travailler. Après, ils vont .... ensemble.

Phonétique

■ **Révision du son** [R]

Écoutez et répétez :

a. Allô, c'est le docteur Roux ?

b. Je voudrais un rendez-vous.

c. Mardi ou mercredi ?

d. Je préfère mercredi, mercredi après-midi.

e. Quatre heures moins le quart, ça va ?

Grammaire

- **Conjugaison du verbe *pouvoir***

  Je peux
  Nous pouvons

  Tu peux
  Vous pouvez

  Il/Elle/On peut
  Ils/Elles peuvent

- ***Pouvoir* + infinitif**

  Vous pouvez venir le soir ? – On peut se retrouver mardi.

- **un jour / une journée**

  Il va trois jours à Rome. // Je travaille toute la journée. (de 9 h à 18 h)

- **Deux manières de dire l'heure :**

l'heure familière	l'heure officielle
dix heures cinq =	*dix heures cinq (10h05)*
dix heures et demie =	*dix heures trente (10h30)*
onze heures moins le quart =	*dix heures quarante-cinq (10h45)*
onze heures moins cinq =	*dix heures cinquante-cinq (10h55)*
midi dix =	*douze heures dix (12h10)*
minuit et quart =	*zéro heure quinze (0h15)*

- **Poser une question sur le temps : *quand ?***
  ***quel* (+ masculin)…/*quelle* (+ féminin)… ?**

  – *On peut se voir **quand** ?*   – *La semaine prochaine.*
  – ***Quel** jour ?*   – *Vendredi.*
  – *À **quelle** heure ?*   – *À neuf heures trente.*
  – *D'accord, vendredi prochain à neuf heures et demie.*

- ***Tout, toute, tous, toutes***

  - *Il travaille **tout le** temps.* (masculin singulier)
    *Il travaille **toute la** journée.* (féminin singulier)
    → *toute la journée* = idée de durée
  - *Il travaille **tous les** jours.* (masculin pluriel)
    *Il travaille **toutes les** semaines.* (féminin pluriel)
    → *tous les jours* = lundi, mardi, mercredi…

  ⚠ Ici, *tout* et *tous* = même prononciation [tu] mais orthographe différente.

Verbes
déjeuner
se retrouver

Pronoms et noms
l'après-midi (m.)
un docteur
un jour
une journée
le matin
un projet
un rendez-vous
une semaine
le soir
Les jours de la semaine :
lundi, mardi, mercredi,
jeudi, vendredi, samedi,
dimanche

Adjectifs
possible
prochain(e)
tout(e)

Mot invariable
quand

Manières de dire
Attendez…
À mardi !

Activité

L'emploi du temps – Qu'est-ce que vous faites ? Écrivez.

Lundi à 11 h   → Je ....

Jeudi à 18 h   → Je ....

Samedi à 23 h   → Je ....

Dimanche à 9 h   → Je ....

Exercices et activités

Grammaire

1 **Conjugaison du verbe *pouvoir* – Complétez.**

a. – Demain, nous ne .... pas aller à l'aéroport chercher Michel. On travaille. Et toi, tu .... ?

b. – Non, désolé, je ne .... pas, je suis à Genève toute la journée. On demande à Laure ?

c. – Ah oui ! Bien sûr ! Elle, elle .... Elle est libre le mercredi.

d. – Elle .... laisser les enfants seuls ?

e. – Oh, les enfants sont assez grands ! Ils .... rester à la maison.

2 **Mettez dans l'ordre.**

a. Roux – voudrais – avec – un rendez-vous – le docteur – je

b. êtes – lundi – après-midi – ? – libre – vous

c. mercredi – pouvez – à 17 h 30 – prochain – vous – venir – ?

3 **Reliez.**

a. – Quelle heure est-il ? • • **1.** – À six heures.

b. – On a rendez-vous à quelle heure ? • • **2.** – En Belgique.

c. – Tu ne travailles pas quels jours ? • • **3.** – Le samedi et le dimanche.

d. – Vous avez quel âge ? • • **4.** – Cinq heures et quart.

e. – Tu vas dans quelles villes ? • • **5.** – Vingt-deux ans.

f. – Liège, c'est dans quel pays ? • • **6.** – À Montréal et à New York.

4 **Complétez avec *tout*, *toute*, *tous* ou *toutes*.**

a. Je connais .... les étudiants et .... les étudiantes du cours de français.

b. Il travaille .... la journée et il dort .... le week-end.

c. Elle est .... le temps fatiguée : elle se lève très tôt .... les jours.

Vocabulaire

5 **L'heure. Mettez dans l'ordre chronologique.**

a. Dix-huit heures quinze

b. Sept heures moins le quart (du matin)

c. Treize heures trente

d. Vingt heures quarante-cinq

e. Neuf heures moins dix (du soir)

f. Midi et demi

Ordre : ....

Jouer et écrire

6 **Le jeu du pendu. (Les mots à découvrir viennent des leçons 13 et 14.)**

a. C _ N _ _ _ _ _ E

b. M _ R _ _ _ _ I

c. D _ _ _ _ N _ R

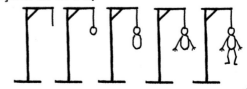

Communiquer

7 **Jeu de rôle.**

a. Prendre rendez-vous chez le coiffeur par téléphone.

(Deux personnes : un(e) client(e) et un coiffeur/une coiffeuse)

b. Dans le salon de coiffure.

Vocabulaire : se faire couper les cheveux – une coupe – un shampoing – un brushing.

Lire

8 **Regardez cet agenda d'un lycéen de classe terminale S et répondez par Vrai (V), Faux (F) ou On ne sait pas (?).**

Horaires	Lundi	Mardi	Mercredi	Jeudi	Vendredi	Samedi
de 8 h à 9 h		Philosophie (Philo)		Langue vivante 2 (espagnol)	LV2	
de 9 h à 10 h		Mathématiques (Maths)		LV2	LV2	Devoir sur table
PAUSE						
de 10h15 à 11 h		Physique	Anglais	Sciences	Philo	Devoir sur table
de 11 h à 12 h	Maths	Histoire-géographie	Anglais	Maths	Anglais	Devoir sur table
de 12 h à 13 h	Sciences de la vie et de la Terre (SVT)	Maths	Histoire-géo	Physique	Maths	
DÉJEUNER						
de 14 h à 15 h	Philo	SPORT	OPTIONS	Maths	Physique/chimie	
de 15 h à 16 h	Physique	SPORT	OPTIONS	Anglais	SVT	
PAUSE						
de 16 h 15 à 17 h	Maths (soutien)		OPTIONS		Maths (soutien)	

a. Il y a plus d'heures de maths que de philosophie. ......

b. L'anglais est obligatoire comme LV1. ......

c. La journée la plus dure est le vendredi. ......

d. Il déteste l'histoire-géographie. ......

e. Tous les samedis, il a un contrôle. ......

f. Il se lève tous les jours à 7 h. ......

Écoute

9 **Écoutez sur Internet la chanson de Joe Dassin, « Aux Champs-Élysées ».**

Aux Champs-Élysées, aux Champs-Élysées

Au soleil, sous la pluie

À midi ou à minuit

Il y a tout ce que vous voulez

Aux Champs-Élysées

Écoutez la chanson sur www.youtube.com et… visitez Paris !

Unité 4

Leçon 15

Qu'est-ce que tu as fait hier ?

1 Un dîner en famille

– Qu'est-ce que tu as fait dimanche dernier ?
– Un petit dîner en famille. On a dîné chez mes parents avec mon frère et sa femme. Et leurs enfants, bien sûr !

Compréhension orale

Écoutez et cochez la/les bonne(s) réponse(s).

a. Hier elle a dîné… ☐ chez elle ☐ chez des amis ☐ chez ses parents

b. Avec qui ? ☐ ses parents ☐ son frère ☐ ses enfants
☐ les enfants de son frère

2 Tu as passé un bon week-end ?

– Salut, Louise, ça va ? Tu as passé un bon week-end ?
– Excellent. Samedi, j'ai vu mes copains de Bruxelles, ils sont à Paris. Nous avons mangé au restaurant. L'après-midi, nous avons fait des courses. Et aujourd'hui, j'ai bavardé avec mon amie Christine à la maison. Et toi, qu'est ce que tu as fait ?
– Rien ! Hier matin, j'ai fait le ménage. Je déteste ça ! Ensuite, j'ai regardé la télé. Aujourd'hui, j'ai dormi presque toute la journée.

Compréhension orale

Écoutez et complétez.

a. Le week-end de Louise : samedi, elle . . . . ses copains, ils ont mangé au . . . . et ils ont fait . . . . Dimanche, elle . . . . à la maison avec son amie Christine.

b. Le week-end de l'ami de Louise : samedi, il a fait . . . ., il . . . . la télévision et dimanche, il . . . . presque toute la journée.

Phonétique 🎧

■ **Différencier le présent et le passé composé**

Écoutez et répétez :

a. je mange/j'ai mangé
b. je bavarde/j'ai bavardé
c. je travaille/j'ai travaillé
d. je regarde la télé/j'ai regardé la télé
e. je fais le ménage/j'ai fait le ménage
f. je vois des copains/j'ai vu des copains
g. je dors/j'ai dormi

Verbes
bavarder
manger

Pronoms et noms
un copain/une copine
un dîner
une famille
une femme
un frère
des parents (m.)
la télé(vision)

Adjectifs
dernier/dernière
mon, ma, mes
son, sa, ses… leur(s)

Mots invariables
aujourd'hui
ensuite
hier
presque
rien

Manières de dire
dîner en famille
faire le ménage
passer (+ temps)
à la maison (= chez nous)

Grammaire

■ Les adjectifs possessifs (1)

*On fait une fête chez **mes** parents avec **mon** frère, **sa** femme et **leurs** enfants.*

L'adjectif possessif s'accorde avec la personne ou la chose « possédée » (et non avec le « possesseur »).

	Nom singulier masc./fém.		Nom pluriel
je	mon	ma	mes
il/elle	son	sa	ses
ils/elles	leur		leurs

→ Précis grammatical page 125

 On utilise **mon**, **ton**, **son** devant un nom féminin singulier commençant par une voyelle : *mon <u>é</u>cole, ton <u>u</u>niversité, son <u>a</u>mie Christine.*

■ Le passé composé avec *avoir* (1)

*– Tu **as passé** un bon week-end ? – J'**ai travaillé** et nous **avons bavardé**.*

On utilise le passé composé pour exprimer des actions au passé (hier, la semaine dernière, le mois dernier…).

■ **Forme :** *avoir* **au présent** (*j'ai, tu as, il/elle/on a, nous avons, vous avez, ils/elles ont*) + **le participe passé du verbe.**

Le participe passé : verbes en *-er* ➔ *-é*

	regarder	➔ *regardé*
	travailler	➔ *travaillé*
autres verbes :	*dormir*	➔ *dormi*
	voir	➔ *vu*
	faire	➔ *fait*

*– Vous **avez regardé** la télévision ?   – Non, nous **avons bavardé**.*

*– Qu'est-ce que tu **as fait** hier ?   – J'**ai dormi**.*

■ La situation dans le passé

<u>*Hier après-midi*</u>*, j'ai regardé la télé.*

<u>*Lundi dernier*</u>*, nous avons travaillé tard.*

<u>*La semaine dernière*</u>*, j'ai vu un beau film.*

<u>*Mardi matin*</u>*, elle a fait des courses.*

Activité

Voici le programme de votre dernier week-end. Racontez.

● samedi   matin : faire des courses
à midi : déjeuner avec Paul / restaurant
après-midi : faire le ménage
soir : dîner chez des amis

● dimanche   matin : dormir
après-midi : faire du judo et travailler pour le bureau
soir : regarder la télé

Samedi matin, j'ai fait des courses…

Exercices et activités

Écouter

1 🔘 **Écoutez. Vous entendez un présent ou un passé composé ? Cochez.**

	a	b	c	d	e	f	g	h	i	j	k	l
Présent												
Passé composé												

2 🔘 **Écoutez et complétez.**

Alors, qu'est-ce que j'ai ……… dimanche ? Euh… ……………… , j'ai fait un peu de ………
Je n'aime pas beaucoup ça mais…

Après, j'ai fait quelques ……………… au marché. J'ai préparé ……………… .

L'après-midi, j'ai ……………… un peu la télévision, j'ai ……………… deux ou trois heures.

Et le soir, Hector et moi, on a ……………… au restaurant. Voilà ma journée !

Grammaire

3 **Complétez avec *son, sa, ses, leur, leurs*.**

a. M. et Mme Dufour habitent à côté de Québec avec ……… deux enfants. ……… maison est grande et jolie. Mme Dufour déjeune souvent avec ……… amies.

b. Zoé a une grande famille : ……… parents ont eu cinq enfants ; ……… frères s'appellent Lucas et Mathieu et ……… sœurs Alice et Claire. Lucas a vingt-cinq ans, il habite à Londres avec ……… copine. Alice est étudiante et elle habite avec ……… amie Carole. Claire, Mathieu et Zoé vont au lycée, ils habitent chez ……… parents.

4 **Donner l'infinitif de ces verbes.**

a. Ils ont dîné au restaurant. → ……………………………………………………………………………

b. Elle a dormi toute la journée. →……………………………………………………………………………

c. On a fait un énorme gâteau au chocolat. → ………………………………………………………………

d. J'ai vu un film super à la télévision. → …………………………………………………………………

e. Tu as travaillé hier soir ? → ………………………………………………………………………………

5 **Écrivez ces phrases au passé composé.**

a. Je dors une heure. → ………………………………………………………………………………………

b. Nous dînons au restaurant. → ……………………………………………………………………………

c. Tu prépares le petit déjeuner ? → ………………………………………………………………………

d. Vous aimez le dernier film de Tavernier ? → …………………………………………………………

e. Les enfants mangent des fruits. → ………………………………………………………………………

f. Ta sœur fait un gâteau ? → ………………………………………………………………………………

Lire et écrire

6 **Qu'est-ce qu'ils ont fait ? Nous sommes le lundi 23.**

Regardez l'agenda de Mélanie et racontez sa semaine passée. Faites des phrases.

Utilisez *hier, mardi dernier, dimanche à midi, jeudi après-midi, samedi soir…*

mardi 17	*17 h Rendez-vous avec le Docteur Gaillet*	*Mardi dernier, ...* ....
mercredi 18	*13 h Déjeuner avec M. Mignard*	....
jeudi 19	*18 h Sport*	....
vendredi 20	*21 h Dîner : restaurant avec Pierre et Nathalie*	....
samedi 21	*20 h Film avec Louise*	....
dimanche 22	*12h30 : Déjeuner avec les parents ; 20 ans Marion (tél.)*	....

7 **Lisez ce courrier des lecteurs.**

« Je suis ingénieur et je travaille toute la journée, 5 jours sur 7, de 9 h à 19 h. Mon mari part souvent en voyage et je suis seule avec mes filles. Elles ont 5 ans et 8 ans. Je me lève tôt et mes journées sont trop courtes pour tout faire. Je cherche une jeune fille au pair ou une baby-sitter. Nous habitons à Rennes, c'est une ville universitaire. Pouvez-vous m'aider ?
Voici mon adresse mail : coraliebrucher@hotmail.com Merci et à très bientôt.»

a. Vous êtes Coralie. Remplissez sa fiche de renseignements.

Nom : ....   Prénom : ....

Ville : ....   Profession : ....

Nombre d'enfants : ....   Âge des enfants : ....

Recherche : ....
....

b. Vous habitez Rennes et vous voulez faire du baby-sitting. Écrivez un mail pour vous présenter et proposer votre candidature.

Écouter, lire et dire

8 **Petit poème à lire à haute voix.**

Lundi soir, j'ai écrit une lettre.
Mardi, tu n'as pas appelé.
Mercredi matin, tu as lu ma lettre et tu as téléphoné.
Jeudi, j'ai acheté un petit cadeau pour toi.
Vendredi matin, j'ai fait mon sac et j'ai pris le train.
Vendredi soir, nous avons dîné ensemble
Et nous avons dansé toute la nuit.

Unité 4

Leçon 16

Une famille de toutes les couleurs

1 Au café

– Bonjour ! Qu'est-ce que vous prenez ?

– Un thé vert pour ma grand-mère, un petit café pour moi, deux croissants et l'addition, s'il vous plaît.

(…)

– Voilà votre café, votre thé, vos croissants… et l'addition !

Compréhension orale

Écoutez et cochez les bonnes réponses.

Qu'est-ce qu'ils prennent ?

☐ deux petits cafés   ☐ un grand café et un thé vert

☐ un café et un thé vert   ☐ un gâteau

☐ un croissant   ☐ deux croissants

2 Vous venez de partout !

– C'est ta famille, là, sur la photo ? Incroyable ! Vous venez de partout ! Là, ce sont tes parents ?

– Oui, mon père est sénégalais et ma mère est suisse. À droite, c'est mon frère Laurent ; il a épousé une Irlandaise, une jolie femme rousse.

– Et là, à gauche, c'est ta sœur, non ?

– Oui, c'est Carole avec son mari Xian ; il est chinois. Ils ont habité longtemps à Hongkong ; ils ont eu un fils et une fille. Maintenant, ils vivent à Paris.

– Et toi, avec ton beau Vladimir, ça va ?

– Oui, très bien !

Compréhension orale

Écoutez et complétez.

Son père est ……… et sa mère est ……… . La ……… de son frère est irlandaise. C'est une ……… femme ……… . Sa sœur a un ……… chinois. Ils ont eu un ……… et une ……… .

Phonétique

■ **Rythme**

Écoutez et répétez :

a. C'est une femme.   C'est une jeune femme.   C'est une jeune femme rousse.

b. C'est un chocolat.   C'est un bon chocolat   C'est un bon chocolat suisse.

c. C'est un thé.   C'est un excellent thé.   C'est un excellent thé vert.

Verbes

épouser
vivre

Pronoms et noms

une addition
une femme
une fille
un fils
une grand-mère
un grand-père
un mari
une mère
un père
une sœur
un thé

Adjectifs

irlandais(e)
notre, nos
ton, ta, tes
vert(e)
votre, vos

Mots invariables

longtemps
maintenant
partout

Manières de dire

Incroyable !
prendre un café

Grammaire

■ L'accord de l'adjectif (rappel)

*Mon frère a épousé une Irlandaise, une **jolie** femme **rousse** !*

L'adjectif s'accorde en genre (masc./fém.) et en nombre (sing./pl.) avec le nom.

Un frère (nom masculin singulier)	*Mon **petit** frère.*
Une femme (nom féminin singulier)	*C'est une **jolie femme** rousse.*
Des enfants (nom masculin pluriel)	*Il a des enfants très **sympas**.*
Des filles (nom féminin pluriel)	*Il a deux **jolies** filles.*

■ La place de l'adjectif

*une **jeune** femme **anglaise** – un **bon** gâteau– un **grand** café **noir***

- Les adjectifs de **couleur** et de **nationalité** sont toujours placés derrière le nom.
- Les adjectifs *bons/bonne, grand(e), petit(e), nouveau/nouvelle, beau/belle, joli(e)*… sont presque toujours placés devant le nom.
- *Premier, deuxième*… sont toujours placés devant le nom.
  *la **deuxième** rue à droite*

■ Les adjectifs possessifs (2)

*C'est **ta** famille ? – Ce sont **tes** parents ? – C'est **notre** petite sœur. – Voilà **votre** café et **vos** croissants.*

	Nom singulier masc./fém.		Nom pluriel
tu	ton	ta	tes
nous	notre		nos
vous	votre		vos

La famille en France

A – Nombres des mariages et des divorces de 1946 à 2006

	1946	1966	1986	2006
Mariages	517 000	330 700	265 000	267 000
Divorces	64 000	36 700	108 400	135 900

Commentez ces informations comme dans l'exemple.
En 1946, il y a beaucoup de mariages et il n'y a pas beaucoup de divorces.

B – Nombre moyen d'enfants par femme entre 1964 et 2009

1964	1974	1984	1994	2009
2,9	2,1	1,8	1,6	2,02

Commentez ces informations comme dans l'exemple.
Dans une famille française, en 1964, il y a presque 3 enfants.

16 Exercices et activités

Écouter

1 🔘 **Écoutez et cochez la phrase entendue.**

a. ☐ Alors, voilà votre thé et votre café avec deux croissants.

    ☐ Ah, voilà notre thé, notre café et nos deux croissants.

b. ☐ C'est mon frère Paul avec sa femme et sa deuxième fille.

    ☐ C'est mon frère Paul avec sa femme et ses deux filles.

c. ☐ Ce sont des amis de mes parents avec leurs enfants.

    ☐ Ce sont les amis de tes parents ou leurs enfants ?

Grammaire

2 **Entourez l'adjectif possessif correct.**

a. C'est *leur / leurs / mes* frère, il s'appelle Laurent. Là, sur la photo, il est avec *son / sa / ses* copines Florence et Paola.

b. – Tu connais *ma / leurs / son* parents ? – Non, je connais *leur / ma / ta* frère, c'est tout.

c. – Tu connais la sœur de mes copains Rodriguez ?

    – Non. Je connais *ses / ses / leurs* parents mais pas *ma / leur / sa* sœur.

3 **L'accord de l'adjectif – Mettez ce qui est souligné au pluriel.**

a. Ils ont <u>un enfant très sympa et très intelligent</u>.

b. Le professeur a travaillé avec <u>son étudiant japonais</u>.

c. J'ai vu <u>une fille rousse, elle est irlandaise</u>.

d. On a mangé <u>un gâteau chinois absolument délicieux</u>.

4 **La place de l'adjectif. Mettez dans l'ordre.**

a. Alyssa – blonde – fille – une – est – jolie

b. habitent – maison – petite – blanche – une – ils – dans

c. voudrais – grand – noir – je – un – café

d. jeunes – ce sont – touristes – deux – irlandais

e. prend – thé – grand – grand-mère – vert – sa – un

Vocabulaire

5 **Cherchez dans le dictionnaire et donnez le contraire des mots.**

a. grand ≠ ....   **b.** jeune ≠ ....   **c.** facile ≠ ....

d. possible ≠ ....   **e.** adorer ≠.......................   **f.** accepter ≠ ....

Chercher

6 **Associez un mot et une couleur.**

a. orange   **b.** violet   **c.** bleu   **d.** jaune   **e.** vert

f. rouge   **g.** noir   **h.** rose   **i.** marron   **j.** blanc

....

Lire et réagir

7 **En France comme partout, les couleurs ont une valeur symbolique. Cochez la bonne réponse. Vous pouvez utiliser votre dictionnaire.**
À votre avis, est-ce qu'en France...

a. le blanc est la couleur ☐ de la mort ☐ de la vie ☐ de la peur ☐ de la pureté

b. en général, les femmes se marient ☐ en blanc ☐ en noir ☐ en rouge ☐ en bleu

c. le noir est la couleur ☐ de l'espérance ☐ de la passion ☐ de la tristesse ☐ de l'amour

d. les amoureux offrent des roses ☐ rouges ☐ blanches ☐ jaunes ☐ roses

e. la couleur préférée est ☐ le blanc ☐ le bleu ☐ le rouge ☐ le vert

f. le vert est la couleur ☐ de la colère ☐ de la violence ☐ de l'espérance ☐ de l'amour

Communiquer

8 **Dans votre culture, quelle est la valeur symbolique de ces couleurs ?**

blanc → .... noir → .... rouge → ....

bleu → .... vert → .... jaune → ....

9 **Quelques expressions idiomatiques – Quelle est l'expression équivalente dans votre langue ?**

• *voir rouge* : se mettre brusquement en colère (mais on dit : « une colère noire ») → ....

• *voir la vie en rose* : être optimiste, voir les choses de manière optimiste → ....

• *voir tout en noir* : être pessimiste, triste → ....

• *avoir une peur bleue* : une peur terrible → ....

Écouter, lire et dire

10 ◎ **Écoutez et apprenez par cœur ce poème de Robert Desnos.**

La rose
Rose rose, rose blanche,
Rose thé,
J'ai cueilli la rose en branche
Au soleil de l'été.

Rose blanche, rose rose,
Rose d'or,
J'ai cueilli la rose éclose
Et son parfum m'endort.

À vous d'agir

11 **Projet : votre famille.**

• Dessinez votre arbre généalogique sur trois générations.

• Cherchez une photo des membres de votre famille pour illustrer l'arbre.

• Préparez une petite présentation de chaque personne.

• Présentez votre arbre à la classe et répondez aux questions de vos camarades.

●●● Récapitulons

Maintenant, vous savez...

- Qualifier une personne, un objet
- Parler de la famille
- Demander et dire l'heure
- Situer une action dans le temps (1)
- Prendre un rendez-vous
- Parler de vos projets
- Parler d'un événement passé

Maintenant, vous connaissez...

- Les jours de la semaine
- Le vocabulaire de la famille
- Les verbes pronominaux au présent
- L'impératif
- Le futur proche
- Le passé composé (avec *avoir*)
- La conjugaison du verbe *pouvoir*
- Les adjectifs possessifs (*mon, ma, mes...*)
- Accorder et placer les adjectifs qualificatifs (*une jolie fille rousse*)

Conseils pour apprendre

- **Pour mieux prononcer**
  - Écoutez l'enregistrement des dialogues, répétez plusieurs fois sans le texte puis lisez en imitant l'intonation. Quand les phrases sont longues, repérez les pauses.
  - Écoutez des chansons françaises et essayez de les chanter en même temps (avec le texte).
  - Lisez tous les jours un petit texte à haute voix.

- **Conseils pour les liaisons**
  - On ne sépare jamais un pronom sujet et le verbe mais on ne fait pas de liaison entre un nom et un verbe : *Ils_ont dîné/dans un restaurant. – Nos_amis/ont dîné/ dans un restaurant.*
  - On fait les liaisons entre :
    → le pronom sujet et le verbe : *Vous_avez vu Pierre ? – Ils_ont compris.*
    → le déterminant et le nom : *C'est un_enfant. – Ils ont vu leurs_amies.*
  - On ne fait jamais de liaison avec **et** : *Il a habité à Paris et/à Lyon. – Léo et/Alice sont_arrivés.*

Vous êtes arrivés quand ?

Après le bac...

1 Projets d'avenir

– Qu'est ce que tu veux faire plus tard ?

– Je voudrais être vétérinaire. J'aime beaucoup les animaux, mais les études sont difficiles. Et toi ?

– Moi, je veux être informaticien, j'adore les ordinateurs.

Compréhension orale

Écoutez et cochez ce que vous entendez.

a. La fille voudrait être : ☐ professeur ☐ vétérinaire ☐ photographe

b. Et le garçon : ☐ peintre ☐ journaliste ☐ informaticien

c. Les études de vétérinaire sont : ☐ faciles ☐ pas très difficiles ☐ difficiles

2 Dix ans après...

Marie : Alors, raconte… Qu'est-ce que tu as fait après le bac ?

Alix : J'ai fait des études de théâtre et après je suis allée à Rennes pendant trois ans pour travailler. Le théâtre, c'est sympa, mais c'est difficile ! Après, j'ai rencontré Pierre. Il a eu un poste d'ingénieur à Mexico. Alors, nous sommes partis là-bas. Fini, le théâtre ! Et toi ?

Marie : Moi, j'ai fait un master d'allemand et j'ai trouvé un travail à Berlin dans une entreprise française. Je suis célibataire. Je suis venue chez mes parents pour les vacances.

Compréhension orale

Numérotez dans l'ordre ce que vous entendez.

Alix : … Elle est partie à Mexico. … Elle a fait des études de théâtre.

… Elle a travaillé à Rennes. … Elle a rencontré Pierre.

Marie : … Elle travaille à Berlin. … Elle est en vacances.

… Elle a fait des études d'allemand.

Phonétique 🎧

■ **Les sons [ɑ̃], [ɔ̃] et [ɛ̃] (1)**

Écoutez et répétez :

1. Le son [ɑ̃] : les parents – les enfants – les vacances   *Les enfants partent en vacances. Les parents travaillent.*

2. Le son [ɔ̃] : raconte – mon oncle – long – blond   *Mon oncle a les cheveux blonds : ils sont très longs.*

3. Le son [ɛ̃] : un informaticien – rien – bientôt – Berlin   *Leur copain habite à Berlin. Tu viens, Alain ?*

Grammaire

- ## Le verbe *vouloir*
  - ### Conjugaison :

Je veux	*Nous voulons*
Tu veux	*Vous voulez*
Il/Elle/On veut	*Ils/Elles veulent*

  - ### Construction :
    - *vouloir* + nom   *Vous voulez un café ? Vous voulez du sucre ?*
    - *vouloir* + infinitif   – *Qu'est-ce que tu veux faire ? – Je veux être informaticien.*

  Rappel : *Je voudrais* exprime la politesse ou le souhait.

- ## Le passé composé avec l'auxiliaire *avoir* (3)

    *J'**ai rencontré** Pierre. Il **a eu** un poste d'ingénieur.*

- ## Le passé composé avec l'auxiliaire être (1) : *aller, partir, venir…*   → Précis grammatical page 127

    *Elles **sont allées** à la plage. – Nous **sommes partis** à Mexico.*

  Avec certains verbes comme ***aller, venir, partir**…*, le passé composé se forme avec le présent du verbe ***être*** + **le participe passé du verbe.**

  Quelques participes passés : *aller* → *allé – partir* → *parti – venir* → *venu*

  Le participe passé s'accorde comme un adjectif :

    *Il est venu, elle est venu**e**, ils sont venu**s**, elles sont venu**es**.*

    *Il est parti, elle est parti**e**, ils sont parti**s**, elles sont parti**es**.*

Activité

Lisez le curriculum vitae (CV) de Delphine Legoff et écrivez son parcours.

Elle est née ....

....

....

....

....

....

....

....

....

....

Curriculum vitae

Delphine LEGOFF
22 rue du Verger
36000 Bordeaux
Née le 22/05/1976 à Paris
française

Études
1994 : bac A (anglais, espagnol)
1999 : master d'espagnol

Expérience professionnelle
2000-2005 : professeur de français/lycée
                    français de Madrid
2006-2009 : professeur d'espagnol/Bordeaux

Langues
espagnol, anglais

Leçon 17 Exercices et activités

Écouter

1 🔊 **Écoutez ces phrases. Combien de fois entendez-vous le son [ɔ̃] ?**
Écoutez une deuxième fois pour vérifier.

	a	b	c	d
Le son [ɔ̃]	…… fois	…… fois	…… fois	…… fois

2 🔊 **Écoutez et cochez ce que vous entendez.**

a. ☐ Marie a rencontré son mari en Colombie.   ☐ Marie a rencontré son ami Eddy en Colombie.

b. ☐ Jean adore l'informatique et l'anglais.   ☐ J'adore l'informatique et l'italien.

c. ☐ Nous avons eu deux enfants au Japon.   ☐ Nos deux enfants sont au Japon.

d. ☐ Les parents de Valentin vivent en Inde.   ☐ Les parents d'Augustin sont indiens.

Grammaire

3 🔊 **Écoutez et cochez quand vous entendez le passé composé.**

	a	b	c	d	e	f	g	h	i	j
Passé composé										

4 **Écrivez ces phrases au passé composé.**

a. Ma sœur part au Canada en avril. Elle a un poste de journaliste au *Québecois*.

b. Louise et son mari vont en Espagne en juillet. Ils adorent l'Andalousie.

c. Adèle rencontre beaucoup d'amis à l'université. Ils font leur master ensemble.

d. Ta mère vient chez toi pour Noël ? Vous faites une soirée avec la famille ?

Lire et écrire

5 **Passer un entretien – Posez les questions correspondant aux réponses.**

– Bonjour, mademoiselle. ………………………………………… ?

– Florence Maigret.

– ………………………………………………………………………………… ?

– Ici, à Grenoble. 123 rue Saint-Marcel.

– ………………………………………………………………………………… ?

– J'ai étudié l'informatique à Lyon 2 de 2000 à 2005.

– ………………………………………………………………………………… ?

– Un master professionnel. J'ai passé mon master en 2005.

– ………………………………………………………………………………… ?

– J'ai eu un poste dans une société d'import-export pendant 5 ans.

– Merci, mademoiselle.

Lire et comprendre

6 **Remettez ces phrases dans l'ordre.**

a. Nous sommes allés vivre à Paris de 2003 à 2008 pour le travail de Fabrice.

b. Je suis née à Dakar et je suis restée là-bas pendant 18 ans.

c. Là-bas, j'ai rencontré Fabrice, un journaliste réunionnais.

d. Après le bac, je suis partie étudier à Aix-en-Provence et j'ai fait un master d'économie.

e. Maintenant, nous sommes revenus à la Réunion.

f. Nous aimons beaucoup la vie ici.

g. En 2001, Fabrice est devenu mon mari.

h. Avec mon master, j'ai eu un premier poste à la Réunion dans un lycée.

Ordre : b ....

Lire et écrire

7 **Vacances à la Réunion**

A. Lisez cette carte puis répondez aux questions.

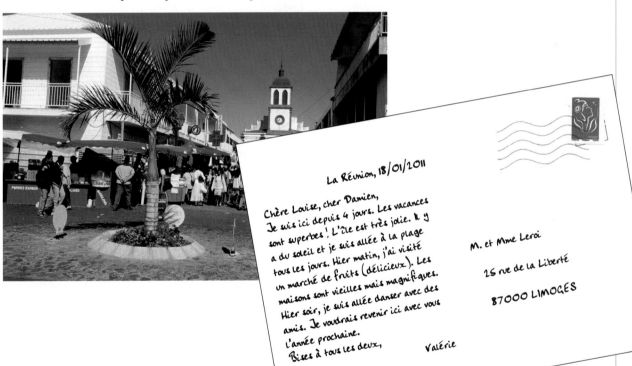

La Réunion, 18/01/2011

Chère Louise, cher Damien,
Je suis ici depuis 4 jours. Les vacances sont superbes ! L'île est très jolie. Il y a du soleil et je suis allée à la plage tous les jours. Hier matin, j'ai visité un marché de fruits (délicieux). Les maisons sont vieilles mais magnifiques. Hier soir, je suis allée danser avec des amis. Je voudrais revenir ici avec vous l'année prochaine.
Bises à tous les deux,   Valérie

M. et Mme Leroi
25 rue de la Liberté
87000 LIMOGES

a. Comment s'appelle Mme Leroi ? ....

b. Où Valérie est en vacances ? ....

c. Est-ce qu'elle va souvent à la plage ? ....

d. Comment sont les fruits dans cette île ? ....

e. Est-ce qu'elle aime les maisons ? ....

f. Est-ce qu'elle veut revenir à la Réunion ? ....

B. À votre tour ! Vous êtes en vacances et vous écrivez une carte à des amis.

Unité 5

Leçon 18

Ici et là !

1 Voyages

– Alors, vous êtes steward depuis deux ans ? Vous avez de la chance, vous voyagez souvent.

– Oui, j'adore ça ! Mais les longs voyages, c'est très fatigant ! Par exemple, la semaine dernière, je suis allé au Japon et à Singapour ; je suis resté trois jours là-bas. Lundi prochain, je pars au Canada et aux États-Unis.

Compréhension orale

Écoutez et complétez.

Il est steward .... deux ans. La semaine dernière, il ....
au Japon. La semaine ...., il part ... Canada et ...... États-Unis.

2 Qui suis-je ?

Je ne suis pas français mais j'ai vécu en France pendant longtemps.

Je suis né en Espagne en 1881 et je suis mort en 1973 en France.

J'ai habité à Paris et sur la Côte d'Azur.

J'ai été peintre.

J'ai eu une période rose et une période bleue.

Un de mes tableaux, *Guernica*, est très célèbre.

J'ai aussi été sculpteur, décorateur…

➔ Qui suis-je ? Je suis ....

Verbes
mourir *(je suis mort)* – naître *(je suis né)* – rester – voyager

Pronoms et noms
un décorateur – une période – un sculpteur – un steward – un tableau

Adjectifs
bleu(e) – fatigant(e) – rose

Mots invariables
depuis – pendant – souvent

Manières de dire
avoir de la chance

Phonétique

■ **Les sons [ʃ] et [ʒ]**

Écoutez et répétez :

1. Le son [ʃ] : chinois – les cheveux – la chance – le chocolat – acheter – dimanche
Achète du chocolat pour Charles.

2. Le son [ʒ] : joli – japonais – jeune – jeudi – voyager – le ménage
J'ai voyagé avec une jeune Japonaise.

3. Les sons [ʃ] et [ʒ] : *Jeudi, j'ai mangé chez Jean. – Il voyage, il a de la chance !*

Grammaire

■ **Le passé composé**

● **avec l'auxiliaire *avoir* (4)** *Il **a vécu** en France pendant longtemps. Il **a été** peintre et sculpteur.*

Conjugaison au passé composé des verbes :

– **être :**   *j'ai été, tu as été, il/elle/on a été, nous avons été, vous avez été, ils/elles ont été*
– **vivre :**   *j'ai vécu, tu as vécu, il/elle/on a vécu, nous avons vécu, vous avez vécu, ils/elles ont vécu*

● **avec l'auxiliaire *être* (2)** *Elle **est restée** en Chine pendant six ans. – Il **est né** en Espagne et il **est mort** en France.*

Conjugaison au passé composé des verbes :

– **naître :**   *je suis né(e), tu es né(e), il est né, elle est née, on est né, nous sommes nés(e)s, vous êtes né(e)(s), ils sont nés, elles sont nées*
– **mourir :**   *je suis mort(e), tu es mort(e), il est mort, elle est morte, on est mort, nous sommes mort(e)s, vous êtes mort(e)(s), ils sont morts, elles sont mortes*

■ **Les noms de pays : prépositions et noms de pays (1)**

*Nous sommes partis **en** Chine. Je suis allé **au** Japon et **à** Singapour et lundi prochain, je pars **au** Canada et **aux** États-Unis.*

⚠ Certains pays sont masculins : **le** Japon, **le** Canada, **le** Mexique, **l'**Iran, **l'**Afghanistan…
D'autres pays sont féminins : **la** France, **la** Chine, **la** Syrie, **l'**Espagne, **l'**Italie…
D'autres sont pluriels : **les** États-Unis. D'autres enfin n'ont pas d'article : Cuba, Madagascar, Singapour…

● *Être/habiter/aller/partir…*

+ *au* + **nom de pays masculin singulier**
*Je suis **au** Canada. Elle habite **au** Japon. Nous partons **au** Mexique. Ils vivent **au** Liban.*

+ *en* + **nom de pays féminin ou masculin commençant par une voyelle, singulier :**
*Nous partons **en** Italie. Tu es **en** Syrie ? Vous habitez **en** Chine ou **en** Iran ?*

+ *aux* + **nom de pays pluriel**
*Ils sont **aux** États-Unis. Nous partons **aux** Seychelles. Elle habite **aux** Bahamas.*

+ *à* + **nom de certaines grandes îles ou nom de ville**
*Elle vit **à** Londres, **à** Singapour. Nous travaillons **à** Cuba. Vous partez **à** Bornéo.*

■ *Depuis/Pendant* indiquent tous les deux la durée.

*Il est steward **depuis** deux ans. Il est resté **pendant** trois jours en Asie.*

● *Depuis* indique une action qui a commencé dans le passé et qui continue au présent.

*Nous vivons à Marseille **depuis** deux ans. (et nous vivons encore là-bas)*

● *Pendant* indique une durée limitée. Il s'utilise pour le passé, le présent ou le futur.

*Il est parti **pendant** huit jours. (passé) – Je suis à Paris **pendant** toute la semaine. (présent)*

*Nous allons partir **pendant** les vacances de Noël. (futur)*

Activité

Regardez les dates et complétez le texte avec des verbes au passé composé.

Simone de Beauvoir

– 1908 : née à Paris
– 1929 : rencontre de Jean-Paul Sartre
– 1949 : livre très célèbre : *Le Deuxième Sexe*

– 1926/1929: études de philosophie à la Sorbonne
– 1929/1943: professeur de philosophie
– 1986 : morte à Paris

*Simone de Beauvoir **est née** à Paris en 1908. Elle … ……… la philosophie à la Sorbonne et, après, de 1929 à 1943, elle ….. ……… professeur. Elle … ……… Jean-Paul Sartre à 21 ans. Elle … ……… un livre très célèbre, Le Deuxième Sexe, en 1949. Elle … ……… à Paris en 1986.*

Écouter

1 ◎ **Écoutez et cochez ce que vous entendez.**

a. ☐ J'ai vécu à Amsterdam.   ☐ J'ai vu Amsterdam.

b. ☐ Je pars au Canada avec elle.   ☐ Je vais voir le Canada avec elle.

c. ☐ Je suis allé au Japon et en Chine.   ☐ Je vais aller au Japon et en Chine.

d. ☐ Il est né à Paris en 1918.   ☐ Elle est née à Paris en 1978.

e. ☐ Ils sont là depuis longtemps.   ☐ Ils sont morts depuis longtemps.

Grammaire

2 **Mettez ces phrases au passé composé. Attention à l'orthographe !**

a. J'habite au Brésil et mes parents vivent en Australie.

b. Pierre et moi, nous partons en Grèce. Nous restons deux semaines à Athènes.

c. Je fais une exposition de toutes mes photos en octobre.

d. Il a de la chance ! Il va très souvent en Italie pour son travail.

e. Elle vient te voir ? Elle reste longtemps ?

3 **Relisez « Les noms de pays » (p. 89).**
Répondez ensuite par Vrai ou Faux.

	Vrai	Faux
a. Tous les noms de pays ont un article (*l'*, *le*, *la* ou *les*).	☐	☐
b. Tous les noms de pays terminés par *-a* sont masculins.	☐	☐
c. Tous les noms de pays terminés par *-e* sont féminins.	☐	☐
d. Il n'y a pas beaucoup de noms de pays pluriels.	☐	☐
e. Quand le nom de pays commence par une voyelle, *le* et *la* deviennent *l'*.	☐	☐

4 **Complétez avec *depuis* ou *pendant*.**

a. Ils habitent au Canada .... cinq ou six ans.

b. Il a travaillé .... une heure et après, il a regardé la télévision.

c. J'ai rencontré mon copain François à Nice en août, ... les vacances.

d. Les enfants sont en vacances .... hier.

e. Ils vont rester chez leur grand-mère .... toutes les vacances.

Lire et comprendre

5 **Lisez le texte et cochez la bonne réponse.**

Je me présente. Anna Longman, de nationalité suisse. J'ai 27 ans et j'ai un master d'économie (université de Lausanne, mention Très Bien). Je suis spécialiste en analyse macro-économique (option finances). J'ai travaillé deux ans à la Banque nationale suisse (BNS) à Genève comme conseillère financière pour des sociétés étrangères implantées en Suisse. Je cherche un poste similaire dans une banque canadienne. Je parle français, anglais, allemand, italien.
Disponible immédiatement. Contacter annalongman@hotmail.com

a. Elle veut travailler   ☐ à la BNS à Montréal   ☐ à Paris   ☐ au Canada

b. Elle est diplômée   ☐ en stratégie géopolitique   ☐ en économie   ☐ en comptabilité

c. Elle cherche un travail   ☐ identique   ☐ différent   ☐ bien payé

d. Elle peut commencer   ☐ dans un mois   ☐ dans 6 mois   ☐ maintenant

Jouer

6 Le jeu des cinq erreurs – Regardez ces deux dessins et trouvez les cinq différences.

Lire et écrire

7 Vie et mort de Napoléon Bonaparte.

a. Avec ces indications, écrivez un texte au passé composé.

1769	Naissance à Ajaccio (Corse).
1779-1784	Études en France (école militaire).
1796	Général – 1er mariage avec Joséphine de Beauharnais.
1799	Premier Consul.
1804	Empereur (Napoléon Ier).
1804-1814	Guerres dans toute l'Europe.
1810	2e mariage avec Marie-Louise, fille de l'empereur d'Autriche
1811	Naissance de son fils, le « roi de Rome » (mort en 1832).
1815	Défaite de Waterloo (perdre une bataille) → Départ à Sainte-Hélène (partir en prison).
1821	Mort à Sainte-Hélène.

b. À quel moment de la vie de Napoléon correspond ce tableau ?

Unité 5

Leçon 19

On part au soleil ?

1 Il pleut

– Il fait quel temps aujourd'hui ? Il pleut ?
– Non, mais il fait froid. Mets une écharpe et tes grosses chaussures. Il va peut-être neiger !

Compréhension orale

Écoutez et cochez la bonne réponse.

Aujourd'hui :   ☐ il fait froid
　　　　　　　☐ il fait beau
　　　　　　　☐ il pleut

2 Alors, les vacances ?

– Bonjour, Marion, vous rentrez de vacances ? Vous êtes bien bronzée !
– Oui, je suis partie sur la Côte d'Azur, près de Cannes. Il a fait chaud et on a eu beaucoup de soleil. Je me suis baignée tous les jours. Et vous, madame Ploumadec, vous êtes allée où ?
– En Bretagne, comme d'habitude ! Moi, j'adore la chaleur mais mon mari déteste ça. Alors… Ses parents habitent là-bas, nous sommes allés chez eux. Il a plu deux ou trois jours mais nous avons fait du vélo et du bateau. Nous nous sommes bien reposés. C'est beau, la Bretagne, mais ça suffit… L'an prochain, avec lui ou sans lui, je pars au soleil !

Compréhension orale

Écoutez et complétez.

Marion rentre de .... Elle .... allée sur la Côte d'Azur. Il y a eu beaucoup de .... Elle s'est baignée tous les .... Monsieur et madame Ploumadec .... partis en Bretagne : il .... la chaleur. Il ... plu deux ou trois .... Ils .... fait du vélo et du bateau.

Phonétique

■ **Les sons [ɑ̃], [ɔ̃] et [ɛ̃] (2)**

Écoutez et répétez :

1. Le son [ɑ̃] : les vacances – les enfants – les parents – le temps

2. Le son [ɔ̃] : pas question – Marion – bronzé

3. Le son [ɛ̃] : Tu viens ? – lundi – prochain – un peu – informaticien

4. Les sons [ɑ̃], [ɔ̃], [ɛ̃] : Nous allons chez mes parents. – Tu viens maintenant ? – Les enfants vont bien.

Verbes

baigner (se)
mettre
neiger (*il neige*)
pleuvoir (*il pleut*)
rentrer
reposer (se)

Pronoms et noms

eux
la chaleur
des chaussures (f.)
une écharpe
le soleil
le temps

Adjectifs

bronzé(e) – gros/grosse

Mots invariables

peut-être – sans

Pour communiquer

Comme d'habitude !
Ça suffit !

Manières de dire

faire du vélo
faire du bateau
Il fait quel temps ?
il fait beau, il fait chaud,
il fait froid

Grammaire

■ **Le passé composé (4) :**

Marion s'est baignée tous les jours.

Monsieur et Madame Ploumadec se sont reposés.

Tous les verbes pronominaux (*se baigner, se doucher, s'habiller, se dépêcher, se reposer*…) se conjuguent avec l'auxiliaire **être**. N'oubliez pas d'**accorder le participe** avec le sujet comme un adjectif !

■ **On utilise souvent les verbes impersonnels pour parler du temps :**

Il fait froid 	*Il fait très beau*

Il fait chaud ! 	*Il pleut*

Il neige 	*Il y a du soleil…*

■ **Les pronoms toniques (avec les prépositions *à, pour, avec, sans, chez*…) : *moi, toi, lui/elle, nous, vous, eux/elles***

– *C'est un cadeau pour **vous**.*
– *Pour **moi** ? Oh, merci beaucoup !*

– *C'est un cadeau pour **ton fils** ?*
– *Oui, c'est pour **lui**.*

– *Tu rentres chez **toi** ou tu vas chez **ta sœur** ?*
– *Je vais chez **elle**.*

– *Vous habitez chez **vos parents** ?*
– *Non, je n'habite pas chez **eux**.*

■ **RAPPEL ! *C'est* + adjectif toujours masculin singulier**

C'est intéressant, le Japon !

C'est beau, la France !

C'est grand, les États-Unis !

Activité

Regardez cette carte météo et complétez le texte.

beau, soleil – neige – pleut, froid – chaud

En Belgique, il ne fait pas très .... (14 °C)

En France, il .... mais il ne fait pas .... (18 °C)

En Espagne, il fait .... (21 °C) et il y a du ....

Attention ! À plus de 2 000 mètres, il ....

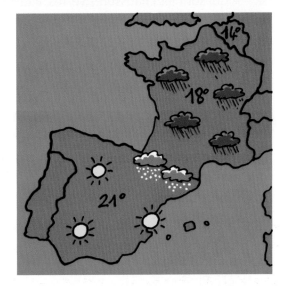

19 Exercices et activités

Écouter

1 ◎ **Écoutez et cochez la phrase que vous entendez.**

a. ☐ Il fait chaud aujourd'hui. ☐ Il a fait chaud aujourd'hui.

b. ☐ Il va neiger à Paris. ☐ Il a neigé à Paris.

c. ☐ Il veut partir au soleil. ☐ Il va partir au soleil.

d. ☐ Il a très froid. ☐ Il a fait froid.

e. ☐ Il a fait chaud. ☐ Il va faire chaud.

Grammaire

2 **Faites les accords si c'est nécessaire.**

a. Mary est allé… au Canada.

b. Vous avez parlé… avec Louis ?

c. Joseph et Nicolas ont vécu… à Bordeaux.

d. Alice et sa sœur ne sont pas venu… nous voir.

e. Sa sœur s'est couché… tôt.

f. Les enfants se sont baigné… tous les jours.

3 **Mettez ces phrases au passé composé.**

a. Mes amis partent à Nice. → ....

b. Nous passons les vacances chez nos parents. → ....

c. Vous vous reposez sur la plage ? → ....

d. Nous nous baignons tous les matins. → ....

e. Il neige ; elle met un gros pull et une écharpe. → ....

f. Elles vont à Hongkong pendant l'été. → ....

4 **Complétez les phrases par des pronoms toniques :** *moi, toi, lui, elle, nous, vous, eux, elles.*

a. – Vous habitez chez vos amis ? – Oui, j'habite chez ……… .

b. – À qui sont les chaussures vertes, à ta sœur ? – Non, elles ne sont pas à ………, elles sont à moi.

c. – Tu viens avec tes parents ? – Non, je viens sans ………, ils sont fatigués.

d. – Le livre sur la table est pour Anne ? – Oui, il est pour ………, c'est son anniversaire.

e. – Je voudrais parler avec M. Dupuy, s'il vous plaît. J'ai rendez-vous avec ……… .

f. – Vous venez au cinéma avec moi ? – Non, désolée, je ne peux pas venir avec ……… .

Parler

5 **Parlez de la météo.**

C'est comment…

a. l'hiver à Montréal ? → *Il fait très froid. Il fait souvent –30 °C. Il y a de la neige…*

b. l'été à Dakar ? → ....

c. l'automne à Bruxelles ? → ....

d. le mois de mai à Paris ? → ....

e. Noël à Rio ? → ....

Écouter et réagir

6 Bulletin météo – Écoutez
et complétez avec les températures
et les symboles qui conviennent.

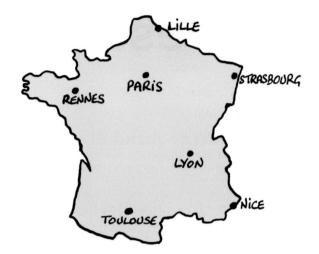

Lire et écrire

7 **A. Lisez cette lettre et répondez aux questions.**

> Chers amis,
>
> Québec, c'est super ! Nous sommes arrivés depuis deux mois. Maintenant nous avons
> trouvé un joli appartement dans le centre historique. Pierre a commencé son travail
> et il est très content. J'ai rencontré des gens très sympas et je fais du sport le matin
> avec eux. J'apprends des mots de joual*, c'est amusant !
> Venez vite nous voir ! Attention, il fait déjà un peu froid et bientôt il va neiger.
> Mais on peut faire du ski à côté de Québec le week-end.
> Plein de bises, Marion

* joual : mots français typiques du Québec.

a. Où habitent Pierre et Marion ? ....

b. Est-ce que Marion a des amis ? ....

c. Qu'est-ce qu'elle fait ? ....

d. Marion écrit en quelle saison ? ....

e. Pourquoi elle écrit à ses amis ? ....

**B. Vous répondez à Marion. Vous donnez des nouvelles, vous racontez ce que vous faites,
vous parlez de la météo et vous annoncez votre arrivée.**

Écouter et lire

8 **Petit poème à lire.**

Je t'ai cherché partout…   À Paris, il a fait gris.
À Honolulu, il a plu.   À Gibraltar, plein de brouillard !
À Ottawa, il a fait froid.   À Vancouver, un ciel couvert.
À Kobe, il a neigé.   Enfin, je t'ai trouvé ! Où ? À Tombouctou !

Unité 5

Leçon 20

C'est la rentrée

1 Les cours commencent quand ?

– Pardon, madame, les cours à l'université commencent quand ? Je suis en 2e année de philosophie.

– Regardez sur la porte ! La rentrée, c'est lundi 19 octobre.

– Merci bien !

Compréhension orale

Écoutez et cochez ce que vous entendez.

a. L'étudiante est en : ☐ 1re année   ☐ 2e année   ☐ 3e année

☐ de sociologie   ☐ de philosophie   ☐ d'économie

b. Les cours commencent : ☐ le 19 octobre   ☐ le 19 septembre   ☐ le 29 octobre

2 Je viens de Lisbonne

– Salut ! C'est ton premier cours ici, non ?

– Ben oui, j'arrive du Portugal. J'ai fait le premier semestre à Lisbonne avec Erasmus. Je continue ici. Et toi ?

– Moi, j'ai passé l'année dernière à Londres. Je me suis bien amusée et… bien sûr, j'ai raté mes examens en juin. Pendant l'été j'ai travaillé. Heureusement, j'ai réussi en septembre.

– Et ici, le premier semestre, ça s'est bien passé ?

– Oui, ça va. Les profs sont sympas. Et Lisbonne, c'est comment ?

– Très, très bien… Je vais passer les vacances de printemps là-bas.

– Ah, ah ! Tu as une copine à Lisbonne, toi !

– Exactement.

Compréhension orale

Écoutez et complétez. Où ces deux étudiants ont fait leurs études ? Combien de temps ?

• L'étudiante : ....

• L'étudiant : ....

Phonétique

■ **Les sons** [s] **et** [z]

Écoutez et répétez :

1. Le son [s] **:** six – dix – ici – un semestre – réussir – les vacances – l'université   *Cécile a réussi son semestre à l'université.*

2. Le son [z] **:** amusé – les États-Unis – heureusement – les examens – exactement   *Nos amis habitent aux États-Unis.*

3. Les son [s] **et** [z] **:** *Louise a réussi ses examens. – Nous sommes allés à Lisbonne.*

Verbes

s'amuser – commencer –
continuer – rater– réussir

Pronoms et noms

un cours – un été –
un examen – juin –
la philosophie – une
porte – le printemps –
la rentrée – un semestre –
septembre –
une université

Mots invariables

exactement
heureusement

Manières de dire

Merci bien
Ça s'est bien passé
fac (= faculté = université)
un prof (= un professeur)

Grammaire

■ **_Venir de (d')/du/des..._**

> J'arrive **du** Portugal. – Je viens **de** Lisbonne.

Venir/arriver/être...

+ **_de_** + nom de ville et de pays féminin   _Elle arrive **de** Paris, **de** France._

+ **_du_** + nom de pays masculin   _Il vient **du** Canada, **du** Japon._

+ **_d'_** + nom de ville et de pays commençant par une voyelle (masc. ou fém.)
Elle vient **d'A**msterdam. – Ils arrivent **d'E**spagne, **d'I**ran.

+ **_des_** + nom de pays pluriel
Elle arrive **des** États-Unis, **des** Philippines.

■ **Un an / Une année**

> _Elle a vingt **ans**. – Elle est en deuxième **année** de philosophie._

– On utilise **_an_** après un nombre (un, deux, trois…) pour compter :
J'ai trente ans. – Il a habité deux ans en Italie.

– On utilise **_année_** avec un adjectif pour qualifier, préciser :
Bonne année ! – C'est une belle année, une année merveilleuse.

 Exception : _l'an dernier/l'an prochain = l'année dernière/ l'année prochaine_

■ **Les saisons**

Une saison (féminin) mais **le** printemps, **l'**été, **l'**automne et **l'**hiver sont masculins.
C'est **un** été chaud, **un** hiver froid. – J'ai travaillé tout l'été.

 On dit **en** été, **en** automne, **en** hiver mais **au** printemps.
À Paris, **au** printemps et **en** automne, il pleut souvent.

L'année universitaire

Calendrier universitaire 2010-2011

- **1er semestre**
  Début de tous les cours : lundi 18 octobre 2010
  Vacances de Noël : du samedi 18 décembre 2010 au soir au lundi 3 janvier 2011 au matin
  Fin des cours du 1er semestre : samedi 15 janvier 2011
  Examens : semaines du 17 et du 24 janvier 2011

- **2e semestre**
  Début des cours : lundi 7 février 2011
  Vacances de printemps : du samedi 16 avril au soir au lundi 2 mai 2011 au matin
  Fin des cours du 2e semestre : samedi 14 mai 2011
  Examens : semaines du 16 et du 23 mai 2011

1. **Vrai ou faux ?**

	Vrai	Faux
a. Il y a environ quarante semaines de cours dans l'année.	☐	☐
b. Les examens de fin de semestre durent deux semaines.	☐	☐
c. Les vacances de Noël durent trois semaines.	☐	☐
d. Les étudiants ne vont pas à l'université pendant l'été.	☐	☐

2. Comparez avec le calendrier universitaire dans votre pays.

Exercices et activités

Grammaire

1 Les pronoms toniques.

A. Relisez le Précis grammatical p. 123 et répondez aux questions.

a. Quel est le pluriel de *elle* ? .... **b.** Et celui de *toi* ? ....

c. Est-ce que *nous* et *vous* peuvent être pronoms sujets et pronoms toniques ? ....

d. *toi + moi* = ... **e.** *moi + toi + lui + elle + eux* = ...

f. *lui* est toujours masculin ? ....

B. Mettez ce qui est souligné au pluriel.

a. – Tu pars en vacances avec <u>ton fils</u> ? → ....

 – Oui, je vais avec <u>lui</u> au Mexique. → ....

b. – Tu vis chez <u>ta copine</u> ? → ....

 – Oui, j'habite chez <u>elle</u>. → ....

c. – Tu viens avec <u>moi</u> au cinéma ? → ....

 – Désolé, je ne peux pas venir avec <u>toi</u>, je ne suis pas libre aujourd'hui. → ....

2 Révision du passé composé – Donnez le passé composé de ces dix verbes. Attention, vous avez seulement 3 minutes pour répondre. Regardez votre montre. Arrêtez après 3 minutes.

Exemple : dormir deux heures / je → j'ai dormi deux heures

a. vivre à Tokyo / nous → .... **f.** se baigner / elles → ....

b. partir en Espagne / ils → .... **g.** faire du bateau / on → ....

c. aller à Marseille / tu → .... **h.** se reposer / elles → ....

d. avoir de la chance / je → .... **i.** travailler longtemps / vous → ....

e. être en vacances / elle → .... **j.** regarder la télévision / tu → ....

3 Les Français utilisent beaucoup les abréviations. Donnez le mot entier. Vous pouvez regarder dans votre dictionnaire.

a. Ils sont allés au <u>ciné</u> et après dans un petit <u>resto</u> <u>sympa</u> à Montmartre.

b. Hier, j'ai vu une <u>expo</u> super d'Atget. J'adore ses <u>photos</u> !

c. Qu'est-ce qu'il a étudié après le <u>bac</u> ? La <u>philo</u> ou la <u>psycho</u> ?

d. – Il fait des études à <u>Sciences Po</u> ?

 – Non, il a fait un master d'<u>éco</u> gestion à Rennes.

e. – Qu'est-ce que tu as comme cours demain ?

 – Deux heures de <u>maths</u>, une heure de <u>géo</u> et une heure de <u>gym</u>.

Communiquer

4 **Reliez une question et une réponse.**

a. Tu viens d'où ? •   • **1.** Le 15 septembre.

b. Alors, ça s'est bien passé ? •   • **2.** Non, le mercredi, je suis libre.

c. On se retrouve à quelle heure ? •   • **3.** À midi.

d. Elle est comment, la prof ? •   • **4.** 25 rue de l'Opéra.

e. Ça commence quand ? •   • **5.** Du Brésil, de Rio de Janeiro.

f. Tu pars avec eux ? •   • **6.** Non, j'ai raté les deux examens !

g. Et c'est où, exactement ? •   • **7.** Non, je pars tout seul.

h. Tu travailles tous les jours ? •   • **8.** Très sympa.

5 **Ils parlent pour quoi faire ? Associez les phrases et les verbes d'action.**

a. Pour aller à la gare du nord, s'il vous plaît ?

b. Tu viens au cinéma avec nous ?

c. Oui, avec plaisir !

d. La deuxième à droite.

e. C'est combien ?

f. Oui, bonne idée !

g. Pas question ! C'est non !

h. Devine ! J'ai trouvé un appartement !

> accepter
> refuser
> expliquer un itinéraire
> raconter quelque chose
> demander une information
> proposer quelque chose
> annoncer une nouvelle
> demander un prix, une quantité

i. Après, on est partis voir mes parents.

j. Ça y est ! Je me marie !

k. J'ai d'abord vécu à Londres et puis…

l. Ah non, je déteste ça !

m. Tout droit et à gauche.

n. On dîne ensemble demain ?

o. Il est quelle heure, s'il vous plaît ?

p. Une douzaine, s'il vous plaît.

Écouter et lire

6 **Écoutez et lisez les premiers vers d'un poème de Verlaine.**

Les sanglots longs	Bercent mon cœur
Des violons	D'une langueur
De l'automne	Monotone.

Le savez-vous ? En 1944, c'est avec ce poème que les Alliés ont annoncé à la radio (Radio Londres) le débarquement en Normandie.

À vous d'agir !

7 **Projet.**

a. Vous préparez un petit programme pour un voyage de quatre jours avec les étudiants de votre cours. Vous choisissez une date. Vous cherchez une destination, Vous regardez sur Internet la météo (http://fr.weather.yahoo.com) et vous présentez votre projet oralement à la classe.

b. Après votre voyage, vous écrivez pour le journal de votre école un petit compte rendu quotidien des activités et visites pendant votre séjour.

Récapitulons

Maintenant, vous savez...

- Parler de vos études, de votre parcours scolaire et universitaire
- Vous situer et situer une action dans le temps
- Parler d'événements passés et exprimer votre sentiment à ce sujet
- Parler du temps qu'il fait, parler des saisons

Maintenant, vous connaissez...

- Les mois de l'année
- Le vocabulaire du temps (météo)
- Quelques mots pour parler des études et de l'université
- Le passé composé (avec *avoir* et avec *être*, y compris avec les verbes pronominaux)
- La conjugaison du verbe *vouloir*
- Les verbes impersonnels pour parler du temps qu'il fait (*il pleut, il neige, il fait froid*…)
- Les articles devant les noms de pays et les prépositions pour indiquer l'endroit où on est, où on va et d'où on vient

Conseils pour apprendre

- Apprenez des poésies faciles (par exemple, les poèmes de Paul Verlaine) et des chansons (cherchez sur *YouTube.fr* des chansons à partir de textes de Boris Vian ou de Jacques Prévert ; ou bien des chansons faciles à comprendre comme celles de Joe Dassin, d'Édith Piaf, de Georges Brassens, de Jacques Brel, d'Yves Montand…). Sur Internet, vous pouvez trouver la transcription des paroles des chansons. Téléchargez, écoutez, d'abord en lisant les paroles, et répétez en même temps. Ensuite, récitez ou chantez tout seul.
Récitez un poème ou chantez une chanson.

- Écoutez sur RFI (*www. rfi.fr*) le *Journal en français facile*. Vous pouvez écouter et lire en même temps la transcription (rfi.fr →les émissions → le Journal en français facile). La première fois, vous allez penser que c'est difficile mais vous pouvez écouter plusieurs fois, d'abord avec le texte et ensuite sans le texte.

- Le point du FLE *www.lepointdufle.net* vous propose beaucoup d'exercices faciles de phonétique, de vocabulaire et de grammaire.
Autres sites : *www.edufle.net* – *www.françaisfacile.com*

Leçon 21

C'était un homme très élégant...

Objectifs

- décrire – parler de la mode (vêtements, couleurs) – comparer (1)
- imparfait (1) – les pronoms compléments directs (1) – les verbes *devoir* et *savoir* – l'expression de la comparaison (1)

Leçon 22

C'était il y a longtemps...

Objectifs

- décrire un événement – décrire une situation au passé
- imparfait (2) – *il y a* + durée – les pronoms compléments directs (2)

Leçon 23

Il est devenu célèbre !

Objectifs

- raconter un événement passé – décrire les circonstances
- relations passé composé/imparfait (1) – les pronoms compléments indirects (1) – l'expression de la comparaison (2)

Leçon 24

Faits divers

Objectifs

- comprendre un fait divers
- relations passé composé/imparfait (2) – les pronoms compléments directs (3) et indirects (2) – la relation de cause : *parce que*

Unité 6

Leçon 21

C'était un homme très élégant...

1 Tu la trouves comment ?

Alice : Dis-moi, Jeanne, qu'est-ce que je mets pour sortir ? Ma robe rouge ? Ou plutôt une autre ? La jaune, tu la trouves comment ?

Jeanne : Hum, pas terrible ! Je préfère la verte, elle est plus jolie. Tu l'essaies ? (…) Oui, ça va. Et comme chaussures, tu mets les noires ?

Alice : Non, je ne les aime pas beaucoup. Je préfère les blanches, elles sont moins classiques que les noires.

Compréhension orale

Écoutez et dites si c'est vrai ou faux.

	Vrai	Faux
a. Jeanne aime beaucoup la robe jaune d'Alice.	☐	☐
b. Jeanne aime bien la robe verte d'Alice.	☐	☐
c. Alice a des chaussures noires et des chaussures blanches.	☐	☐
d. Alice préfère ses chaussures noires : elles sont plus classiques.	☐	☐

2 C'était un homme très élégant

– passé composé
– l'imparfait
– present

Simon : Dis, maman, le chapeau noir dans votre chambre, il était à qui ?

La mère : Au grand-père de ton père. Il le mettait quand il allait à l'opéra, au théâtre. C'était un homme très élégant, tu sais !

Simon : Oui, oui, j'ai vu des photos. (…) Je dois trouver un chapeau comme ça pour la fête du lycée. Je le prends. Je peux ?

La mère : D'accord mais fais attention, c'est précieux. C'est un souvenir important pour ton père.

Compréhension orale

Écoutez et complétez.

a. Le …… du père de Simon était un homme très …… .

b. Il mettait son chapeau noir pour aller à …… ou au …… .

c. Simon voudrait mettre le chapeau noir pour la …… de son …… .

d. Le chapeau noir est précieux : c'est un …… important pour le père de Simon.

Phonétique

■ Rythme et intonation

1. Les sons [ɔ] et [o] – Écoutez et répétez.

a. jolie – une jolie robe – un docteur – un homme – alors – d'accord.

b. une autre – il faut – un chapeau – jaune – des chaussures.

c. Mets une autre robe. – Mets ta robe jaune.

2. Écoutez et répétez.

a. D'accord !

b. D'accord mais fais attention !

c. D'accord mais fais attention, c'est précieux !

Grammaire

- **Le verbe _savoir_**

| je sais | tu sais | il/elle/on sait |
| nous savons | vous savez | ils/elles savent |

- **Le verbe _devoir_**

| je dois | tu dois | il/elle/on doit |
| nous devons | vous devez | ils/elles doivent |

Il exprime l'obligation.

■ L'imparfait (1) – Sa forme

Il se forme à partir de la 1re personne du pluriel du présent.
Les terminaisons sont toujours : **_-ais, -ais, -ait, -ions, -iez, -aient_**

● Quelques exemples

Verbes	Présent	Imparfait		
aller	nous **all**-ons	j'all-ais nous all-ions	tu all-ais vous all-iez	il/elle/on all-ait ils/elles all-aient
avoir	nous **av**-ons	j'av-ais nous av-ions	tu av-ais vous av-iez	il/elle/on av-ait, ils/elles av-aient
savoir	nous **sav**-ons	je sav-ais nous sav-ions	tu sav-ais vous sav-iez	il/elle/on sav-ait, ils/elles sav-aient

⚠ Le verbe _être_ est une exception :
   j'étais, tu étais, il/elle/on était, nous étions, vous étiez, ils/elles étaient.

■ L'imparfait – Son emploi

On utilise l'imparfait pour décrire un état, une situation dans le passé.
   En 1920, les hommes **mettaient** un chapeau pour aller à l'opéra.

■ Le pronom complément d'objet direct (COD) (1) : _le, la, l', les_

→ Précis grammatical page 123

C'est un « pro-nom », il remplace un nom défini (Pierre, Nathalie, la télévision, ses chaussures, ta robe…). Il est généralement devant le verbe.
   – _Tu connais <u>Alexis</u> ? – Oui, bien sûr, tout le monde **le** connaît !_
   – _Il regarde <u>la télévision</u> ? – Oui, il **la** regarde._
   – _Simon prend <u>le chapeau</u> ? – Oui, il **le** prend._
   – _Jeanne aime <u>la robe jaune</u> ? – Non, elle ne **l'**aime pas beaucoup._
   – _Alice met <u>ses chaussures blanches</u> ? – Oui, elle **les** met._

■ La comparaison (1) :

→ Précis grammatical page 126

plus + adjectif + _que_ / _moins_ + adjectif + _que_
Les chaussures blanches sont **plus** jolies **que** les noires. (>)
Les chaussures blanches sont **moins** classiques **que** les noires. (<)

■ Observez :

   Qu'est-ce que je mets comme chaussures ?
   Les (chaussures) blanches ou les (chaussures) noires ?
On peut supprimer le nom.

Verbes
devoir
essayer
pouvoir
savoir
sortir

Pronoms et noms
une chambre
un chapeau
une fête
un homme
un lycée
une robe
un souvenir

Adjectifs
autre
classique
élégant(e)
important(e)
jaune
noir(e)
précieux/précieuse
rouge

Mots invariables
d'abord
moins … (que)
plus … (que)
plutôt

Pour communiquer
Dis-moi…

Manières de dire
comme ça
Fais attention !
pas terrible (= pas très beau, pas très intéressant)
tu sais

À vous !

Donnez l'imparfait des verbes _mettre_, _faire_, _vouloir_ et _pouvoir_.

a. mettre : je ...., tu ....

b. faire : je ...., nous ....

c. vouloir : elle ...., ils ....

d. pouvoir : je ...…..…, vous ....

Exercices et activités

Écouter

1 🔊 **Écoutez et cochez ce que vous entendez.**

a. ☐ D'accord mais attention, c'est précieux.   ☑ D'accord mais fais attention, c'est précieux.

b. ☐ Comme chaussures, je mets les noires ?   ☑ Comme chaussures, tu mets les noires ?

c. ☑ C'était le père de ton grand-père.   ☐ C'était le grand-père de ton père.

d. ☑ Il y a une fête au lycée.   ☐ C'est pour une fête au lycée.

Orthographe

2 **Complétez.**

Attention ! Les mots *sais* (je sais) / *sait* (il/elle/on sait) / *c'est* (c'est moi, c'est vrai…) / *s'est* (il s'est baigné, on s'est reposés…) / *ses* (il adore ses enfants…) se prononcent de la même façon : [se].

a. Hier, Jacques, Laurence et moi, on est allés sur la plage. On ..**s'est**... baignés, l'eau était très bonne.

b. Je connais bien François mais je ne connais pas ...**ses**.... frères.

c. Tu ....~~sait~~... à qui est le chapeau noir ? ...**c'est**.. le chapeau de ton grand-père ? **(sais)**

d. J'ai vu des photos, je ...**sais**... que c'était un homme très élégant.

e. – Regarde, ..**c'est**.. Pierre Hardy avec ...**ses**.... deux filles.

– Pierre qui ? Pierre Hardy ? Je ne ...**sais**... pas qui ....~~s'est~~! **(c'est)**

– Mais enfin ! Pierre Hardy ! Il est très célèbre ! Tu as vu ...**ses**.... films !

Vocabulaire

3 **Un chapeau, des chapeaux... Mettez le bon chapeau sur la bonne tête.**

 a. un haut-de-forme   **b.** un chapeau melon   **c.** une casquette   **d.** un béret   **e.** un képi   **f.** un casque

 1. f    2. e    3. c   4. b   5. a   6. d

Grammaire

4 **Complétez avec le pronom complément d'objet direct qui convient : *le*, *la*, *l'* ou *les*.**

a. – Tu mets tes chaussures noires ? → – Hum… Je ne ..**les**.. aime pas beaucoup.

b. – Tu écoutes la radio française ? RFI ? → – Oui, je ..~~la~~.. écoute un peu tous les jours. **(l')**

c. – Et la télévision ? TV5 par exemple ? → – Oui, bien sûr, je ..**la**... regarde quand j'ai le temps.

d. – Vous connaissez Jim Thompson ? → – Oui, tout le monde..**le**.... connaît !

e. – Tu as les billets de train ? → – Mais oui, je ..**les**... ai !

5 **On parle de quoi ?**

a. Non, je ne les connais pas du tout.

    1. ☑ Les films de Bertrand Tavernier.
    2. ☐ Le musée des Invalides.
    3. ☐ L'Espagne du Sud.

b. Je l'ai acheté la semaine dernière.

    1. ☐ Les derniers livres de Houellebecq.
    2. ☐ Mes chaussures noires.
    3. ☑ Le cadeau pour l'anniversaire de Lou.

c. Je la mets tous les jours !

    1. ☑ Mes chaussures blanches.
    2. ☑ Ma nouvelle robe noire.
    3. ☐ Mon chapeau vert.

6 **Complétez à l'imparfait avec les verbes *mettre, être, aller, chercher*.**

Exemple : Maintenant, il habite à Bruxelles mais avant, il **était** à Washington.

a. Maintenant, beaucoup de femmes mettent des pantalons. Avant, elles .mettions. seulement des robes. *mettaient*

b. Avant, nous .allions.. en vacances en Espagne. Maintenant, nous allons en Autriche.

c. Avant, il ..etait..... étudiant à Genève. Maintenant, il travaille à Lausanne comme professeur.

d. Aujourd'hui, il y a Internet. Avant, nous ..avions.... des informations dans les livres, à la bibliothèque, dans les dictionnaires… (cherchions)

Écouter et lire

7 ◎ **Écoutez. Il y a quatre erreurs dans le texte. Corrigez-les.**

En 1986, Martin avait vingt ans. Il était étudiant à Montpellier dans le sud de la France. Il voulait devenir vétérinaire. Il adorait les animaux, surtout les animaux sauvages. Il rêvait de travailler comme vétérinaire dans un zoo. Mais les études sont difficiles et il ne travaillait pas beaucoup. Il n'allait pas très souvent aux cours, il préférait aller à la plage, chez ses copains… Il a arrêté ses études en deuxième année.

Et maintenant, qu'est-ce qu'il fait ? Il travaille dans un zoo mais comme gardien.

Écrire

8 **Paris en 1900. Choisissez une photo et décrivez-la.**

9 **Cherchez une photo intéressante de votre grand-père ou de votre arrière-grand-père et décrivez-le.**

Unité 6

Leçon 22

C'était il y a longtemps…

1 C'était comment, avant ?

Mathieu : Mamie, vous faisiez comment quand il n'y avait pas de télé, pas de portable, pas d'Internet ? Mais vous aviez la radio, hein ?

La grand-mère : Oui, on l'avait, bien sûr ! Et le téléphone existait aussi ! Comment les gens vivaient il y a cinquante ou soixante ans ? Bien ! D'abord, on allait souvent au cinéma, on sortait avec nos amis, on les invitait à la maison. Ensuite, on écoutait la radio, on lisait les journaux, on écrivait des lettres… C'était différent mais c'était bien aussi !

Compréhension orale

Écoutez et répondez.

a. Il y a soixante ans, est-ce que la radio existait ? Et les téléphones portables ? Et Internet ?

b. Qu'est-ce que les gens faisaient quand la grand-mère était jeune ?

2 Paris en janvier 1910

Sonia : Hier soir, j'ai vu un reportage très intéressant à la télé sur les inondations à Paris.

Éric : Ah bon ? Des inondations ! C'était quand ?

Sonia : Il y a longtemps. En janvier 1910. Incroyable ! Il y avait de l'eau partout, les Parisiens devaient prendre des bateaux pour circuler dans les rues. Et tu sais, les bateaux ne pouvaient pas passer sous les ponts de la Seine…

Éric : Oh là là ! Heureusement, aujourd'hui, c'est impossible !

Sonia : Oh, tout est possible, tu sais !

NDÉ (Janvier 1910 - Crue maximum : 9 m. 50) — Le passeur du Ministère des Affaires Etrangè

Compréhension orale

Écoutez et dites si c'est vrai ou faux.

	Vrai	Faux
a. Sonia a écouté un reportage très intéressant à la radio.	☐	✓
b. Il y a eu des inondations à Paris en 1918.	☐	✓
c. Les bateaux ne passaient pas sous les ponts.	✓	☐
d. Les voitures ne pouvaient pas circuler dans les rues.	✓	✓

Phonétique

1. **Révision du son [ɛ]** – Écoutez et répétez.
a. On sortait beaucoup. **b.** On allait au cinéma. **c.** On invitait des amis. **d.** On lisait, on écrivait…
2. *in-* ou *im-* + consonne → son [ɛ̃] – Écoutez et répétez.
C'est impossible – C'est incroyable – C'est intéressant – C'est important

Grammaire

■ L'imparfait (2)

On utilise l'imparfait pour décrire des habitudes dans une époque passée.

> *Quand j'**étais** jeune, nous **allions** souvent au cinéma, nous **écoutions** la radio…*
> *Avant, les enfants **allaient** à l'école à pied. Maintenant, ils prennent le bus.*

■ *Il y a* + expression de la durée

➔ *Il y a* + un moment <u>déterminé</u> dans le passé.

> *Je l'ai rencontré il y a dix minutes.*
> *Il a visité l'Italie une seule fois, il y a dix ans.*
> *Il y a cent ans, il y a eu des inondations à Paris.*

 Ne confondez pas *depuis* et *il y a*.   ➔ Précis grammatical page 129

Depuis ➔ L'action a commencé dans le passé et elle continue dans le présent.

> *Il habite à San Francisco depuis deux ans.* (il habite encore là-bas)
> *Ils sont mariés depuis vingt ans.* (ils sont toujours mariés)

Il y a ➔ Un moment déterminé dans le passé.

> *Il est arrivé à San Francisco il y a deux ans.* (par exemple, en mars 2009)
> *Ils ont eu un bébé il y a deux mois.* (par exemple, le 12 octobre dernier)

■ Le pronom COD (2)

> – *Vous aviez <u>la radio</u> ?*   – *Oui, on **l'**avait.*
> – *Et <u>le téléphone</u> ?*   – *On **l'**avait aussi !*

Rappel – Devant une voyelle, *le* ou *la* → *l'*.

■ Les gens : toujours au pluriel.

> *Les gens lis**aient**, les gens all**aient** au cinéma, ils écriv**aient**…*

 Rappel – *on* + singulier   *On lis**ait**, on all**ait** au cinéma, on écriv**ait**…*

À vous !

Regardez et décrivez cette image d'un soldat français en 1914.
Utilisez l'imparfait.
Cherchez les mots que vous ne connaissez pas dans le dictionnaire.

📖

Verbes
circuler
écouter
écrire
exister
inviter
passer

Pronoms et noms
l'eau (f.)
les gens (m.)
une inondation
janvier
un journal
une lettre
un pont
un portable
la radio
un reportage
le téléphone

Adjectifs
différent(e)
impossible

Mots invariables
avant
sous

💬
Manières de dire
hein ? (= n'est-ce pas ?)
il y a + durée

22 Exercices et activités

Écouter

1 🎧 **Écoutez et cochez ce que vous entendez**

a. ☐ Avant, on invitait nos amis. ☑ Avant, j'invitais des amis.

b. ☐ Les gens lisaient, sortaient, écrivaient… ☑ Les gens lisaient, écrivaient, sortaient…

c. ☑ C'était différent mais c'était très très bien. ☐ C'était différent mais c'était bien aussi.

d. ☑ En 1910, il y a eu une inondation terrible ! ☐ En 1910, on a eu une inondation terrible !

Grammaire

2 **Complétez avec *depuis* ou *il y a*.**

a. Ils se sont rencontrés pour la première fois ..depuis.. trois ans chez des amis. (il y a)

b. J'ai vu ce film à New York, ..il y a.. un an.

c. – Vous vivez à Paris ..il y a.. longtemps ? (depuis)

– Oh oui, nous sommes arrivés ..depuis.. presque vingt ans ! (il y a)

d. Nous sommes mariés ..depuis.. le 25 juin 2008.

e. Je la connais ..il y a.. des années ! (depuis)

f. Je suis allé en Russie une seule fois, ..il y a.. trois ans.

3 **Complétez avec *pendant* (2 fois), *depuis* (1 fois) ou *il y a* (2 fois).**

Paul et Virginie sont arrivés en France ..il y a.. un an. D'abord, ils ont habité à l'hôtel .pendant deux semaines parce qu'ils cherchaient un appartement. Ils ont trouvé un joli studio à Montmartre et se sont installés.

Ils sont restés là ..il y a.. six mois mais c'était très petit. .depuis.. l'été dernier, ils habitent près du Luxembourg, dans un appartement plus grand. (pendant) (depuis)

J'ai dîné chez eux pendant une semaine ; j'adore leur appartement. (il y a)

4 **Donner l'infinitif des verbes soulignés.**

a. Nous invitions des amis. → ....inviter... **b.** On lisait les journaux. → ..lire..........

c. Elle écrivait des lettres. → ....écrire.... **d.** Ils devaient circuler en bateau. → ..devoir...

e. On allait souvent au cinéma. → ...aller........ **f.** C'était bien ! → ...etre..........

g. Qu'est-ce que vous faisiez en 1990 ? → .....faire.....

5 **Complétez. *On ? Les gens ? Je ? Nous ? Vous ?***

a. Avant, ..les gens.... faisaient leurs courses près de chez eux. Maintenant, ...On........ va dans les hypermarchés.

b. ....Nous....... écoutons beaucoup de jazz. ....vous...... en écoutez aussi ?

c. Hier, Christopher et moi, ...nous...... avons fait deux heures de vélo. Après, ...je......... étais fatiguée !

d. ..Les gens... partent en vacances plus souvent mais moins longtemps. Par exemple, ma femme et moi, ...nous........ sommes partis trois fois mais seulement une semaine.

6 **Complétez ces réponses et utilisez un complément d'objet direct (*le, la, l', les*)
ou un complément d'objet indirect (*lui, leur*).**

a. – Elle voit encore ses amis de lycée ? – Non, mais elle ……… téléphone souvent.

b. – Avant, vous invitiez souvent vos amis chez vous ? – Bien sûr, nous ……… invitions toutes les
semaines. Et pendant les vacances, on ……… envoyait des cartes postales ou des lettres.

c. – Mamie, tu écoutais la radio, avant ? – Non, je préférais lire. Ta mère adorait les histoires. Alors,
tous les soirs, je ……… lisais des contes.

d. – Tu as vu Alexandre ? – Non, je ……… ai écrit deux ou trois fois mais je ne ……… ai pas vu
depuis longtemps

Écrire

7 **Le temps passe pour tout le monde… : *il est plus…, il est moins…***

En 1972, Depardieu, ………………………
……………………………………………
……………………………………………

Aujourd'hui, …………………………………
……………………………………………
……………………………………………

8 **Le maillot de bain de 1890 à aujourd'hui. Choisissez deux images et faites un petit
commentaire écrit.**

Il est devenu célèbre !

1 Il était moniteur de ski

Hugo : Dis-moi, Laura, où tu as rencontré ton copain ? À l'université ?

Laura : Pas du tout ! À la montagne ! Il était moniteur de ski et moi, j'étais en vacances.
Et toi ? Jeanne ? Tu la connais depuis longtemps ?

Hugo : Oui, depuis cinq ans. C'était ma voisine, elle habitait juste en face.
Un jour, l'année dernière, je suis tombé amoureux d'elle.

Laura : Ah bon ? Ça alors !

Compréhension orale

Écoutez et complétez.

a. Où Laura a rencontré son copain ? ………

b. Qu'est-ce qu'il faisait ? ……… Et elle ? ………

c. Comment Hugo a-t-il rencontré son amie Jeanne ? ………

d. Elle habitait où ? ………

2 Avant, il s'appelait Jacques Dupont

– Voilà deux photos. Regarde. Là, c'est en 1970 ou 71.
C'était le copain de ma sœur, Jacques Dupont.
Il était étudiant et, le soir, il travaillait comme serveur.
Il était vraiment beau et pas du tout timide !
Un jour, Diana Morris-Lee est venue
dans son café. Elle était déjà célèbre. Il lui a parlé
et elle lui a proposé un petit rôle dans un film.
Il a accepté tout de suite, bien sûr !

– Et alors ?

– Et alors, et alors ! Regarde l'autre photo.

– Ben, c'est Paul-Henri Derville ! Tout le monde le connaît !

– Eh oui, avant, il s'appelait Jacques Dupont et maintenant, c'est Paul-Henri Derville !
En 1975, il a changé de nom. Et enfin, c'est devenu un acteur très célèbre.

– Quoi ? Oh là, là, il est moins beau maintenant !

– Ah non, pas d'accord ! Il est plus vieux, bien sûr, mais il est aussi beau qu'avant.

Compréhension orale

En 1970, il s'appelait Jacques Dupont. C'était … …… de ma sœur.

Aujourd'hui, il s'appelle Paul-Henri Derville. C'est devenu … …… très célèbre.

Phonétique

■ **Rythme et intonation**

1. Le son [ɥ] – Écoutez et répétez.

je suis – lui – la nuit – et puis – Il lui a parlé – Elle lui a proposé un rôle.

2. L'accent de surprise. – Écoutez et répétez.

a. Ah bon ? Ça alors !

b. Quoi ? Oh là là !

Grammaire

■ **L'imparfait et le passé composé (1)**   → Précis grammatical page 128

L'imparfait exprime un **état** passé, une **situation** passée, sans début ni fin précis.

Le passé composé exprime une **action**, un **fait** précisé dans le temps qui vient interrompre cet état.

> Avant, il **était** serveur, il **travaillait** dans un café. Un jour, Diana Morris-Lee **est venue**…
> Avant, il **s'appelait** Jacques Dupont. En 1975, il **a changé** de nom.
> Il **voyait** sa voisine tous les jours et un jour, il **est tombé** amoureux d'elle.

■ **Le pronom complément d'objet indirect (COI) (1) :** *lui*

→ Précis grammatical page 123

> Elle a parlé <u>à son voisin</u> : elle **lui** a parlé.
> Il a parlé <u>à Diana Morris-Lee</u> : il **lui** a parlé.
> Elle a répondu <u>au serveur</u> : elle **lui** a répondu.

Remarque :

Le pronom complément d'objet indirect *lui* est masculin ou féminin.

■ **La comparaison (2) :** *aussi* + **adjectif** + *que*

→ Précis grammatical page 126

> Il est **aussi** beau **qu'**avant. (=)
> Elle est **aussi** grande **que** son frère. (=)

■ **Changer de…**

> Il a changé **de** nom.
> Le mois prochain, je vais changer **de** travail.

Activité

Regardez ces trois vignettes et rédigez un petit texte.

Avant, ...   Un jour, ...   Maintenant, ...

Écouter

1 🎧 **Écoutez et cochez ce que vous entendez.**

a. ☐ Mon copain, je le connais depuis six ans.   ☐ Ma copine, je la connais depuis dix ans.

b. ☐ L'an dernier, c'était mon voisin.   ☐ L'an dernier, nous étions voisins.

c. ☐ Avant, il travaillait dans un restaurant.   ☐ Avant, je travaillais dans un restaurant.

d. ☐ L'année prochaine, je vais changer de travail.   ☐ L'an prochain, je vais changer de travail.

e. ☐ Il est plus vieux mais aussi beau.   ☐ Il est moins vieux et aussi beau.

Lire et écouter

2 🎧 **Vous connaissez cette histoire. Voici le début.
Lisez et complétez le texte avec les verbes *aimer*,
avoir, *être*, *s'appeler*, *manger*, *mettre*, *vivre*, *habiter*
à l'imparfait. Écoutez ensuite l'enregistrement.**

Le Petit Chaperon rouge

Il était une fois une jolie petite fille. Elle ………… le Petit
Chaperon rouge parce qu'elle …………: toujours des
vêtements rouges. Elle ………… avec ses parents près
de la forêt. Sa grand-mère ………… très vieille et souvent
malade. Elle ………… dans une toute petite maison,
de l'autre côté de la forêt. Et dans la forêt, il y …………
un énorme loup. Il ………… beaucoup les petites filles
et les ………… avec appétit. Un jour, la mère du Petit
Chaperon rouge…

Dans votre pays, est-ce qu'une version de ce conte existe ? Comment ce conte s'appelle ?

Grammaire

3 Les pronoms compléments – Complétez avec *le*, *la*, *l'* ou avec *lui*.

a. – Vous connaissez le monsieur du deuxième étage ?

– Le monsieur antillais ? Oui, je …… connais un peu. Je …… ai parlé deux ou trois fois.

b. Notre voisine est bizarre. Quand on …… parle, quand on …… demande quelque chose, elle ne
répond pas. Hier, par exemple, mon fils …… a demandé l'heure. Eh bien, la voisine …… a regardé
mais elle ne …… a pas répondu. Elle est rentrée chez elle sans dire un mot.

**4 Imparfait ou passé composé ? Relisez les explications p. 111 et dans le Précis grammatical
p. 128 et conjuguez le verbe entre parenthèses.**

a. Je suis désolée. Quand tu (*téléphoner*), j(e) (*être*) sous la douche.

b. Quand nous (*sortir*) ce matin, à huit heures, il (*pleuvoir*) et il (*faire*) très froid.

c. Avant, il (*adorer*) la moto. Mais l'année dernière il (*avoir*) un accident et depuis, il est à pied.

d. Avant, elle (*passer*) toutes ses vacances à la plage. Mais il y a trois ans, elle (*rencontrer*) son
copain. Il adore la montagne et maintenant, elle va avec lui dans les Alpes.

5 **Lisez le texte. Où pouvez-vous mettre ces petites phrases ?**

a. *j'étais très fatigué* – **b.** *Il faisait un froid terrible ! Moins dix !* – **c.** *Il n'y avait pas d'autobus.*

Hier matin, quand je suis sorti de chez moi, quelle horreur ! ...... Je suis rentré et j'ai mis un chapeau, une écharpe et mes grosses chaussures. Il a commencé à neiger et tous les gens avaient très froid. ...... Alors, je suis allé au travail à pied et j'ai mis plus d'une heure. Quand je suis arrivé, vers dix heures, ... !

6 **Les comparatifs *plus … que, aussi … que, moins … que* – Complétez.**

GRAND COMBAT DE BOXE

Abdel FAROUDJ
le Lion de l'Atlas
27 ans – 1,90 m – 88 kg

Léonid VLAVSK
ex-champion de Russie
31 ans, – 1,84 m – 88 kg

Abdel est :

a. .... que Leonid ;

b. .... que Leonid ;

c. .... que Leonid

Écrire

7 **En 1970, comment les jeunes s'habillaient ? Regardez et décrivez. Vous pouvez utiliser votre dictionnaire.**

8 **Cherchez une photo de vous quand vous étiez petit(e). Décrivez-la : c'était où ? quand exactement (en quelle année ?) Vous aviez quel âge ? Vous étiez dans quelle classe ? Qu'est-ce que vous faisiez ? Comment étiez-vous habillé ?**

Unité 6

Leçon

24

Faits divers

🔊 **Et maintenant, quelques faits divers.**

(1) Tout d'abord, à Paris. Hier soir, une vache s'est échappée du Salon de l'agriculture et il y a eu un énorme embouteillage porte de Versailles.

(2) Ensuite, à Marseille. En pleine nuit, quelqu'un est entré dans l'hôtel Central et il est parti avec 15 000 euros. Les deux gardiens n'ont pas entendu le voleur. Pourquoi ? Parce qu'ils dormaient tranquillement.

(3) À Nice maintenant. Hier, un enfant de six mois est resté seul, en plein soleil sur la Promenade des Anglais pendant deux heures. Ses parents étaient à la plage. Ils ont dit aux policiers : « Nous sommes allés prendre un bain parce qu'il faisait vraiment trop chaud. »

(4) Pour finir, à Lyon, la nuit dernière, une femme a tué son mari. Les policiers ont interrogé la voisine. Elle leur a dit : « Je ne les connaissais pas, je ne leur parlais pas. Mais je les entendais ! Ils buvaient beaucoup et ils se disputaient tout le temps ! »

Compréhension orale

1. À quel fait divers correspond la photo ? Cochez la bonne réponse.

Fait divers : ☐ 1 ☐ 2 ☐ 3 ☐ 4

2. Cochez la bonne réponse.

Le voleur a pris :   ☐ **a.** 5 000 €   ☐ **b.** 15 000 €   ☐ **c.** 25 000 €

3. Vrai ou faux ?

	Vrai	Faux
a. Les parents étaient à la plage.	☐	☐
b. Ils se baignaient.	☐	☐
c. L'enfant était avec eux.	☐	☐
d. Il ne faisait pas très beau.	☐	☐
e. C'était à Nice.	☐	☐

4. Cochez la bonne réponse.

☐ **a.** Le mari buvait beaucoup : il a tué sa femme.

☐ **b.** Le mari a appelé la police.

☐ **c.** La voisine a parlé avec des journalistes.

☐ **d.** Elle ne connaissait pas bien ses voisins.

Phonétique

■ **Rythme et intonation**

Le son [j] – Écoutez et répétez.

un embouteillage – le soleil – Lyon – Marseille – juillet – vieillir

En juillet à Marseille, il y a du soleil et des embouteillages.

Grammaire

■ L'imparfait et le passé composé (2) → Précis grammatical page 128

Rappel – On utilise les deux temps pour parler du passé :
– **l'imparfait** exprime un **état**, des **circonstances**, une **habitude**… ;
– **le passé composé** exprime une **action** à un moment précis et limité
dans la durée.

> *Les deux gardiens dormaient tranquillement.* (un état, une situation) //
> *Le voleur est entré.* (une action)

■ Le pronom COI (2) : *leur* → Précis grammatical page 123

> *Elle ne parlait pas à ses voisins.* → *Elle **leur** parlait pas.*
>
> *Tu n'écris pas souvent à tes copines.* → *Tu ne **leur** écris pas souvent.*

Remarque : le pronom COI *leur* est masculin ou féminin **pluriel**.

■ Les pronoms COD et COI

Certains verbes se construisent <u>directement</u> *(regarder quelque chose)*, d'autres
<u>indirectement</u> *(parler **à** quelqu'un).*

 Les pronoms sont différents. Observez :

> *Il regarde <u>sa voisine</u>.* → *Il **la** regarde (et elle, elle **le** regarde aussi).*
> *Il téléphone **à** sa voisine.* → *Il **lui** téléphone (et elle **lui** répond).*
> *Je ne connais pas <u>mes voisins</u>.* → *Je ne **les** connais pas.*
> *Je ne parle pas **à** mes voisins.* → *Je ne **leur** parle pas.*

■ L'expression de la cause : *parce que* répond à la question « Pourquoi ? »

> *Il y a eu un énorme embouteillage à Paris* [le fait]
> ***parce qu****'une vache s'est échappée du Salon de l'agriculture.* [la cause]

Les Français et les médias

La presse va mal ; les Français lisent beaucoup moins de journaux qu'avant.
Et c'est vrai surtout pour les quotidiens* nationaux *(Le Monde, Le Figaro,
Libération…)*, un peu moins pour la presse régionale *(Ouest-France, Sud-Ouest,
L'Est républicain…)*. Mais ils adorent les magazines* : « news » *(Le Nouvel
Observateur, L'Express…)* ou plus spécialisés : programmes télé, beauté
(Elle, Marie-Claire…), informatique, people, cuisine…

Ils lisent peu mais ils regardent beaucoup la télé, « surfent » sur Internet (plus de
22 millions d'ordinateurs en 2010) et passent des heures au téléphone (portable).
En 2010, il y avait 65 millions de portables… et 65 millions d'habitants !

* Un quotidien = un journal qui paraît *tous les jours*.
  Un magazine = une revue *hebdomadaire* (toutes les semaines) ou *mensuelle* (tous les mois).

Vous, personnellement, dans une journée, vous passez combien de temps :
• à lire les journaux ?
• à regarder la télévision ?
• à « surfer » sur Internet ?
• à téléphoner ?

24 Exercices et activités

Écouter

1 🔊 **Écoutez et cochez ce que vous entendez.**

a. ☐ Je suis allé au Salon de l'agriculture   ☐ J'aime bien aller au Salon de l'agriculture.

b. ☐ C'était mardi, à l'hôtel Central.   ☐ C'était jeudi, à l'hôtel Chaptal.

c. ☐ Il faisait vraiment très chaud.   ☐ Il a fait vraiment trop chaud !

d. ☐ C'était à Nice, près de la mer.   ☐ C'était à Nice, c'était hier.

2 🔊 **Écoutez deux fois et entourez le nombre que vous entendez.**

a.	278	168	218
b.	1 346	1 248	1 642
c.	10 500	12 500	10 200
d.	25 850	28 550	35 150
e.	100 000	500 000	600 000

3 🔊 **Écoutez et répondez par Vrai ou Faux.**

	Vrai	Faux
a. Monsieur Wallon avait 75 ans.	☐	☐
b. Il était alcoolique.	☐	☐
c. Il s'est disputé avec ses voisins.	☐	☐
d. Ses voisins aimaient se lever très tard, faire la grasse matinée.	☐	☐
e. Sa voisine l'a tué pour défendre son mari.	☐	☐

Lire et écrire

4 **Lisez et répondez aux questions.**

Cork (Irlande), jeudi 26 juin

Hier, vers midi, en plein centre de Cork, un homme de quarante ans environ, blond, yeux noirs, 1,85 m, très maigre, était dans la rue principale, presque nu.

La police l'a arrêté et l'a interrogé. On lui a demandé son nom et son adresse mais il ne comprenait pas l'anglais, pas le français… Il parlait une langue absolument inconnue.

Voici sa photo. Si vous le connaissez, appelez le 555.

a. Quand et où s'est passé ce fait divers ?   **b.** Pourquoi la police l'a-t-elle arrêté ?

c. Il parlait quelle langue ?   **d.** La police sait qui est l'homme ?

e. Regardez ces trois dessins. Quels dessin correspond à la description de l'inconnu ?

1.

2.

3.

À VOUS D'ÉCRIRE – Mettez-vous deux par deux. Imaginez ce qui est arrivé à l'inconnu avant le mercredi 25 juin. Rédigez une petite histoire au passé.

Utilisez des imparfaits pour décrire les circonstances, le décor, la situation et des passés composés pour exprimer des faits, des actions.

Vous pouvez utiliser votre dictionnaire.

Le 24 juin, ...

....

5 La ronde des « Pourquoi ? » – Répondez aux questions. Vous ne savez pas ? Normal ! Regardez les réponses en bas de la page.

a. Pourquoi le drapeau français est bleu-blanc-rouge ?

b. Pourquoi le coq est l'animal symbole de la France ?

c. Pourquoi les Français ne travaillent pas le 11 novembre ?

d. Pourquoi on appelle souvent la France l'*Hexagone* ?

e. Pourquoi les Français disent *Allô* au téléphone ?

f. Pourquoi on dit que Paris a la forme d'un escargot ?

6 Julie Delvaux est professeur d'histoire dans une université à Paris. Elle écrit tous les jours quelques mots dans son journal. Faites un récit à partir de ses notes. Vous pouvez utiliser les verbes *aller, bavarder, déjeuner, dîner, écouter, écrire, être, faire, fêter, lire, prendre, regarder, rencontrer, travailler…*

Attention : les actions sont au passé composé, le décor, les circonstances, les commentaires à l'imparfait.

Mercredi 1ᵉʳ octobre – Temps superbe : ciel bleu, beau soleil. Matin : travail. Déjeuner avec Thomas et les enfants. Après-midi, université (salle B107). Rencontré Henri F., bavardé. Sympa. Soir, concert Malher.

Jeudi 2/10 – Très beau temps, 27° ! – Matin : journaux, radio… Appelé Maria F. Après-midi : vélo avec les enfants. Après, travail. Dîner. Fatiguée. Couchée à 10 heures !

Vendredi 3/10 – Matin : université (salle B345). Déjeuner avec Claire. Après-midi, travail à la maison. Soir anniversaire Lilou.

Samedi 4/10 – Colloque Lille ; train gare du Nord 7h55. Beau temps. Colloque intéressant. Soir, dîner excellent !

Dimanche 5/10 – Colloque. Très intéressant. Alexandra Bertin, géniale ! – Retour Paris train 21h10.

Mercredi 1ᵉʳ octobre, il faisait très beau, le ciel était bleu et il y avait un beau soleil. J'ai travaillé le matin

....

....

Les « Parce que… » des « Pourquoi ? »

a. Parce que le bleu et le rouge sont depuis toujours les couleurs de la Ville de Paris. Le blanc (la fleur de lys) est la couleur du roi. En 1789, le roi Louis XVI a voulu montrer aux Parisiens qu'il aimait leur ville : il a placé le blanc entre le bleu et le rouge.
b. Parce que, en latin, le mot *gallus* avait deux sens : il voulait dire « coq » et « Gaulois » (les Français au temps des Romains).
c. Parce qu'on fête la fin de la Première Guerre mondiale (11 novembre 1918).
d. Parce que la forme de la France est celle d'un hexagone (figure géométrique à six côtés).
e. Parce que c'est une adaptation française de *Hello* ! C'est le premier mot que Thomas Edison a dit au téléphone.
f. Parce que les vingt arrondissements de Paris ont la forme d'un escargot.

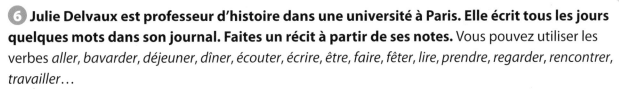

●●● Récapitulons

Maintenant, vous savez ...

- Évoquer des souvenirs, faire des commentaires sur des événements passés
- Situer plus précisément une action dans le passé
- Raconter une histoire, raconter ce que vous avez vu ou entendu (les faits et les circonstances)
- Exprimer vos sentiments de surprise, d'incrédulité
- Comparer deux personnes, deux choses, deux situations, deux époques
- Comprendre un fait divers
- Exprimer la relation de cause

Maintenant, vous connaissez...

- De nouveaux verbes importants : *devoir*, *savoir*…
- L'emploi de *il y a*, *depuis*, *pendant*
- Un nouveau temps : l'imparfait, sa forme et sa principale valeur
- Les pronoms compléments directs (*le*, *la*, *l'*, *les*) et indirects (*lui*, *leur*).
- Les comparatifs de supériorité (>), d'égalité (=) et d'infériorité (<)

Apprendre en autonomie

- Essayez de lire la première page des journaux français ou francophones (vous les trouvez tous sur internet) au moins une fois par semaine. Par exemple : *Métro* ou *Direct Matin*, un peu plus faciles que *Le Monde* ou *Le Figaro*. C'est un peu difficile d'abord mais il faut continuer régulièrement.

- Apprenez par cœur le maximum de choses : des poésies, des chansons, des proverbes… Quand vous vous promenez, récitez, chantez…

- Profitez de toutes les occasions d'entendre du français et de parler français : informez-vous des activités des centres culturels français, belges, suisses…, des Alliances françaises ; allez voir des films français en VO (version originale) sous-titrés et/ou achetez des DVD de films français. Ou téléchargez-les sur Internet.

- Internet est un outil merveilleux. Prenez l'habitude de chercher très régulièrement des informations sur le monde francophone : les gens, les paysages, les événements…

Vous allez constater que vous savez déjà BEAUCOUP de choses !
À vous de continuer.

Bon courage !

Évaluez vos connaissances

Grammaire (.../20)

1. Un mot terminé par -s :
   - ☐ est toujours singulier
   - ☐ est toujours pluriel
   - ☐ peut être singulier ou pluriel

2. Pour dire ou demander l'âge :
   - ☐ *avoir + x + ans*
   - ☐ *être + x + ans*
   - ☐ *Ø + x + ans*

3. « C'est mon amie » ➔ Je parle…
   - ☐ d'un homme
   - ☐ d'une femme
   - ☐ d'un homme ou d'une femme

4. Le passé composé du verbe *vivre* est :
   - ☐ j'ai vécu
   - ☐ j'ai vivu
   - ☐ je suis vécu

5. La 2e personne de l'impératif du verbe *écouter* est :
   - ☐ Écout !
   - ☐ Écoute !
   - ☐ Écoutes !

6. J'ai déjà vu ce film…
   - ☐ sur la télé
   - ☐ à la télé
   - ☐ dans la télé

7. « Qui est-ce ? » ➔ Je parle :
   - ☐ de quelqu'un
   - ☐ de quelque chose
   - ☐ de quelqu'un ou de quelque chose

8. « C'est mon fils » ➔ Qui parle ?
   - ☐ la mère
   - ☐ le père
   - ☐ le père ou la mère

9. Les noms de pays terminés par -a sont :
   - ☐ toujours masculins
   - ☐ toujours féminins
   - ☐ masculins ou féminins

10. J'ai passé mes vacances…
    - ☐ à Mexique
    - ☐ au Mexique
    - ☐ en Mexique

11. Il est allé en Corée il y a deux ans :
    - ☐ il est encore en Corée
    - ☐ il va en Corée tous les deux ans
    - ☐ on parle d'un voyage précis dans le passé

12. Il est aussi grand…
    - ☐ Ø moi
    - ☐ que moi
    - ☐ comme moi

13. « Je **lui** ai parlé » :
    - ☐ lui = un homme
    - ☐ lui = une femme
    - ☐ lui = un homme ou une femme

14. « J'habite chez **lui** » :
    - ☐ lui = un homme
    - ☐ lui = une femme
    - ☐ lui = un homme ou une femme

15. Je voudrais…
    - ☐ un peu sucre
    - ☐ un peu de sucre
    - ☐ un peu du sucre

16. Les cerises…
- ☐ c'est cher
- ☐ c'est chère
- ☐ c'est chères

17. Il y a… :
- ☐ toujours + nom singulier
- ☐ toujours + nom pluriel
- ☐ + nom singulier ou pluriel

18. L'imparfait de *finir* est :
- ☐ je finais
- ☐ je finirais
- ☐ je finissais

19. Toute notre famille…
- ☐ est venue
- ☐ sommes venus
- ☐ sont venus

20. C'est quelque chose…
- ☐ très intéressant
- ☐ très intéressante
- ☐ de très intéressant

Question extra – Avec *on* :
- ☐ le verbe est au singulier
- ☐ le verbe est au pluriel
- ☐ le verbe peut être au singulier ou au pluriel

Vocabulaire (… / 15)

1. Le contraire du verbe *adorer* ➜ ....

2. La mère de mon père, c'est ....

3. « Le film n'est pas terrible » = Le film est ....

4. « Il y a eu un embouteillage » = Il y a eu ....

5. « C'était un homme qui buvait beaucoup ! » = C'était un homme ....

6. Il est :
- ☐ tombé en amour d'elle
- ☐ tombé en amour avec elle
- ☐ tombé amoureux d'elle

7. « Pas question ! » =
- ☐ Non, non, non !
- ☐ Chut ! Silence !
- ☐ Peut-être

8. « Je vais à la maison » ➜ Je vais…
- ☐ chez moi
- ☐ chez mon copain
- ☐ dans une maison

9. À huit heures :
- ☐ je petit-déjeune
- ☐ je mange le petit déjeuner
- ☐ je prends le petit déjeuner

10. Hier, –10° :
- ☐ il était froid
- ☐ il faisait froid
- ☐ le temps faisait froid

11. Les Allemands habitent…
- ☐ en Allemande
- ☐ en Allemagne
- ☐ en Germanie

12. Un lycée, un musée… Pourquoi l'orthographe de ces deux mots est bizarre ?

13. Je suis allée…
- ☐ chez la maison de mon frère
- ☐ chez ma mère
- ☐ chez le petit magasin près d'ici

14. Les mots terminés en *-er* sont…
- ☐ toujours des noms
- ☐ toujours des verbes
- ☐ des noms ou des verbes

15. Pour la température, on dit :
- ☐ il fait 21 grammes
- ☐ il fait 21 degrés
- ☐ il fait 21 gradations

Question extra – On dit de préférence :
- ☐ Je m'appelle Diane Dupont
- ☐ Je m'appelle madame Diane Dupont
- ☐ Je m'appelle Dupont Diane

La France, les Français, les francophones (… / 15)

1. Citez 5 villes françaises : ....
....

2. Citez un pays d'Amérique et deux pays d'Afrique où le français est langue officielle :
....
....

3. Citez deux musées et deux monuments à Paris : ....
....

4. Gustave Eiffel a construit sa tour à quelle période :
☐ 1800 ?   ☐ 1850 ?   ☐ 1900 ?   ☐ 1950 ?

5. Les femmes françaises ont en moyenne :
☐ 1 enfant   ☐ 2 enfants   ☐ 3 enfants

6. Les Français ne travaillent pas le 14 juillet. Pourquoi ? ....
....

7. Le drapeau français est de quelles couleurs ? ....
....

8. En Suisse, il y a trois langues officielles. Lesquelles ? ....
....

9. Quelle est la capitale du Canada ?
☐ Ottawa   ☐ Montréal   ☐ Toronto   ☐ Vancouver ?

10. Quel est l'animal qui symbolise la France ?
☐ le lion   ☐ la grenouille   ☐ l'escargot   ☐ le coq

11. La rentrée universitaire est :
☐ en janvier ?   ☐ en mars ?   ☐ en octobre ?

12. À la fin du lycée, les élèves passent un examen. Comment il s'appelle ? ....
....

13. Que veut dire le sigle TGV ? ....
....

14. En France, il y a combien d'habitants ?
☐ 55 millions ?   ☐ 65 millions ?   ☐ 75 millions ?

15. Napoléon Bonaparte est né :
☐ en Italie, à Gênes   ☐ en France, à Paris   ☐ en France, à Ajaccio

Question extra – On dit « tu » :
☐ à nos collègues de travail   ☐ seulement à la famille   ☐ à la famille et aux amis proches

● ● ● Comptez vos points

- **Plus de 40 bonnes réponses** → Bravo ! Bravo ! Bravo ! Vous êtes fantastique !
- **De 30 à 40 bonnes réponses** → C'est très bien. Vous connaissez beaucoup de choses !
- **De 20 à 30 bonnes réponses** → Pas mal, pas mal… Encore un petit effort !
- **Moins de 20 bonnes réponses** → Courage ! Pas de panique ! Relisez *Amical* pendant vos vacances…

Précis grammatical

La phrase simple

1. En général, **l'ordre** est : sujet (nom ou pronom : je, vous, il, elle…) + verbe + ...
   Thomas/habite/à Berlin. – Les enfants/achètent/des croissants. – Elle/est/jolie.

La phrase commence toujours par une majuscule et se termine par un point :
– un point final : *Je suis étudiant.*
– un point d'interrogation : *Vous parlez français ?*
– un point d'exclamation : *C'est super !*

2. Il y a trois types de phrases :

    a. déclarative   *Je travaille à Dakar. – Je ne parle pas français.*

    b. interrogative   *Vous êtes étudiant ? – Comment ça va ?*

⚠ Pour la phrase interrogative : *Vous connaissez Paris ?* ou bien **Est-ce que** *vous connaissez Paris ?*

    c. exclamative   *Tu parles très bien français ! – C'est très intéressant !*

3. **La phrase négative.** Attention à la place des négations :

    a. si le verbe est au présent : sujet + ***ne*** + verbe + ***pas*** + …
   *Il **ne** part **pas** à Rio.*

    b. si le verbe est au futur proche : sujet + ***ne*** + ***aller*** (au présent) + ***pas*** + infinitif
   *Il **ne va pas** prendre le train.*

    c. si le verbe est au passé composé : sujet + ***ne*** + auxiliaire *être* ou *avoir* + ***pas*** + participe passé
   *Elle **n'a pas** mangé au restaurant. – Nous **ne** sommes **pas** partis en vacances.*

Les noms

1. Le genre

    a. Ils sont masculins (*un restaurant*) ou féminins (*une baguette*).
Il n'y a pas de règle : *le soleil, la lune – un jour, une semaine, un mois, un an…*

    b. Devant le nom, il y a un **article** masculin ou féminin.
   ***un** croissant, **une** baguette – **un** étudiant, **une** étudiante – **un** restaurant, **une** université*

Remarque : devant les noms « propres » (noms de personne, de ville, etc.), pas d'article :
   Marion habite à Montréal. – J'aime beaucoup Tokyo.

    c. Souvent, **pour le féminin**, on ajoute un **-e** : *un ami, une ami**e** – un étudiant, une étudian**te***
Si le nom se termine par *-e*, **masculin = féminin** : *un journaliste, une journaliste*

⚠ – Masculin en **-eur** → féminin en **-euse** : *un chant**eur**, une chant**euse***
              ou → féminin en **-trice** : *un act**eur**, une ac**trice***

    – Souvent, le masculin et le féminin sont absolument différents : *un homme, une femme*

2. Le nombre

a. En général, pour le pluriel, on ajoute un *-s* : *un copain, des copains – une cerise, des cerises*

b. Si le mot se termine par *-eau*, on ajoute un *-x* pour le pluriel : *un gâteau, des gâteaux*

c. Si le nom se termine par *-s*, *-x* ou *-z*, le nom ne change pas au pluriel.
un Français, des Français – un pays, des pays

Les pronoms

Ils remplacent un nom.

1. Les pronoms personnels

■ **Les pronoms sujets :**   *je, tu, il, elle, on, nous, vous, ils, elles*

 Le pronom *on* est toujours suivi d'un verbe au singulier.
*Mes copains et moi, **on va** au cinéma.*

■ **Les pronoms « toniques » :**   *moi, toi, lui, elle, nous, vous, eux, elles*

– *Moi, je suis canadien. Et vous ?*   – *Vous habitez chez vos parents ?*

– *Moi, je suis française mais lui, il est belge.*   – *Non, je n'habite pas chez eux.*

■ **Les pronoms compléments d'objet**

• **Les pronoms compléments d'objet direct (COD)**
Si le verbe se construit directement, sans préposition (par exemple, *regarder quelqu'un, connaître quelque chose…*), les pronoms sont :

me, m' – te, t' – le, la, l' – nous – vous – les

*Elle **m'**aime, elle **me** regarde.*

*Je **la** connais très bien, je **l'**adore !*

– *Il **vous** connaît ? – Non, nous, nous **le** connaissons mais lui, il ne **nous** connaît pas.*

• **Les pronoms compléments d'objet indirect (COI)**
Si le verbe se construit avec la préposition *à* (par exemple, *parler à quelqu'un, téléphoner à quelqu'un, écrire à quelqu'un…*), les pronoms sont presque toujours :

me, m' – te, t' – lui – nous – vous – leur

*Ma mère, je **lui** écris souvent. Elle **me** téléphone tous les jours !*

*Il **nous** parle souvent de son pays…*

Remarques

1. Les pronoms COI *lui* et *leur* sont masculins ou féminins.
*Mon père, je **lui** écris. Ma mère, je **lui** écris aussi.*

2. Il ne faut pas confondre :

• le pronom COI *lui* : *Hier, j'ai rencontré Jeanne et je **lui** ai parlé.*

et le pronom « tonique » *lui* qui est seulement masculin : – *Tu vas chez Pierre ? – Oui, je vais chez lui. J'habite avec lui…*

• le pronom COI *leur* : *Je ne vois pas souvent mes parents mais je **leur** téléphone tous les dimanches.*
et l'adjectif possessif *leur(s)* : *Ce sont mes voisins avec **leurs** enfants et **leur** chien.*

2. Les pronoms indéfinis : *quelqu'un – quelque chose*

– *Vous cherchez **quelqu'un** ?*   – *Vous avez perdu **quelque chose** ?*

– *Oui, je voudrais voir M. Okuyama.*   – *Oui, j'ai perdu mon écharpe !*

Les déterminants

Ils servent à « actualiser » le nom. Ils sont toujours **devant** le nom.

1. Les articles

a. Les articles **indéfinis** (*un, une, des*)

Pour parler de quelque chose ou de quelqu'un de nouveau, de non précisé ; ou pour parler d'une quantité égale à 1.

*Je vais voir **un** film. – Vous voulez **un** café ? – Il y a **un** musicien ou deux musiciens ?*

Singulier	masculin	un	*J'ai **un** problème ! – C'est **un** journaliste.*
	féminin	une	*C'est Jamila, **une** amie. – C'est **une** journaliste.*
Pluriel	masculin	des	*J'ai **des** amis au Québec.*
	féminin	des	*Anna et Clara sont **des** amies de Tom.*

⚠️ *Il est étudiant. – Il est anglais. – Elle est journaliste. – Vous êtes informaticien ?*

(et non : **Il est un étudiant. – *Elle est une journaliste.*)

b. Les articles **définis** (*l', le, la, les*)

Pour parler de quelque chose ou de quelqu'un de **déjà connu**, déjà identifié ; pour préciser ; pour parler de quelque chose d'unique.

*C'est **la** tour Eiffel. – C'est Pierre, **l'**ami de Marion. – C'est **le** professeur Henderson.*

Mais aussi pour parler de quelque chose de général : *C'est beau, **l'**amour. – Tu aimes **le** sport ?*

Singulier	masculin	**le/l'** (devant voyelle ou *h* muet)	***le** cinéma – **l'**aéroport, **l'**hiver*
	féminin	**la/l'** (devant voyelle ou *h* muet)	***la** photo – **l'**amie, **l'**heure*
Pluriel	masculin	**les**	***les** étudiants*
	féminin	**les**	***les** vacances*

⚠️ Avec « l' », on ne sait pas toujours si le nom est masculin ou féminin.

l'ananas (masculin) – *l'addition* (féminin) – *l'hiver* (masculin) – *l'heure* (féminin)

⚠️ *C'est **un** professeur de Chicago.* (il y a beaucoup de professeurs à Chicago)

*C'est **le** professeur Jim Henderson de Chicago.* (il n'y a qu'un seul professeur Jim Henderson)

c. Les articles **contractés** (*à* + article défini ou *de* + article défini)

à + le = au	*On va **au** cinéma.*	⚠️ *Je vais à l'<u>a</u>éroport. – Ils vont à l'<u>O</u>péra.*
à + les = aux	*Il habite **aux** États-Unis.*	
de + le = du	*C'est l'amie **du** photographe.*	⚠️ *C'est le frère de l'<u>a</u>mie de Pierre.*
de + les = des	*Art Plus, c'est le magazine **des** arts.*	

d. Les articles **partitifs** (*du, de la, des*…)

On les utilise avec des noms de **choses qu'on ne peut pas compter** :

– des choses concrètes : ***du** sucre, **du** vin, **de la** farine, de **l'**eau*…

– mais aussi des choses abstraites : ***du** temps, **de l'**amour, **de la** chance, **du** courage*…

Observez la différence entre : *Je voudrais **un** sucre.* (= un morceau de sucre) (= 1)

*Je voudrais **du** sucre.* (= une certaine quantité de sucre)

⚠ **Il y a deux « du » :**
- l'article défini contracté : *C'est le fils du Président. (du = de + le)*
- l'article partitif : *Donnez-moi du pain et du chocolat, s'il vous plaît.*

2. Les adjectifs possessifs

Ils indiquent **l'appartenance**, la relation.

 En français, le pronom s'accorde avec le nom qui suit (*mon fils – ma fille*) et il ne se réfère pas à la personne qui « possède ».

Richard est le fils de Pierre et d'Hélène.
*Pierre dit : « Richard est **mon** fils. » / Hélène dit aussi : « Richard est **mon** fils. »*

C'est…	Masculin singulier	Féminin singulier	Masculin pluriel	Féminin pluriel
à moi	**mon** frère	**ma** sœur	**mes** amis	**mes** amies
à toi	**ton** copain	**ta** copine	**tes** amis	**tes** amies
à lui, à elle	**son** père	**sa** mère	**ses** parents	**ses** sœurs
à nous	**notre** lycée	**notre** université	**nos** fils	**nos** filles
à vous	**votre** voiture	**votre** billet	**vos** livres	**vos** places
à eux, à elles	**leur** maison	**leur** chien	**leurs** enfants	**leurs** filles

⚠ Si le mot féminin singulier commence par une voyelle ou un *h* muet :

ma ➜ mon (*C'est **mon i**dée. – C'est **mon a**mie.*)
ta ➜ ton (*Voilà **ton a**mie Hélène. – Raconte-moi **ton h**istoire !*)
sa ➜ son (*C'est **son h**abitude. – Voilà **son u**niversité.*)

3. Les adjectifs indéfinis : *tout, toute, tous, toutes*

Il travaille tout le temps, toute la journée, tous les jours, toutes les semaines.

■ Pour exprimer une **quantité :** *beaucoup / trop / (un) peu + <u>de</u>*

*Pour être en bonne santé il faut manger **beaucoup de** légumes, **beaucoup de** fruits, pas **trop de** viande, très **peu de** sucre, boire **beaucoup d'**eau et faire **un peu de** sport.*

Les adjectifs qualificatifs

Ils servent à **qualifier**, à préciser : *un Brésilien ➜ un **grand** Brésilien **brun** et **sportif***

Remarque : pour qualifier, préciser quelqu'un ou quelque chose, on peut utiliser aussi :
- un complément de nom : *C'est la maison **de mon père**.*
- un autre nom pour indiquer la matière : *Je voudrais un gâteau **au chocolat**.*

1. Le genre : masculin et féminin

Pour mettre un adjectif au féminin, **on ajoute -e**. Trois cas se présentent :

a. Si l'adjectif se termine par **-e**, **pas de changement** (à l'oral et à l'écrit).
il est libre, elle est libre – il est belge, elle est belge – il est jeune, elle est jeune

b. Pour le féminin, on ajoute **-e**, mais **on entend la même chose**.
il est joli, elle est jolie – il est espagnol, elle est espagnole
 il est turc, elle est turque

c. À l'oral, on entend au féminin **la consonne finale** :
+ [ʃ] *il est blanc* [blɑ̃]/*elle est blanche* [blɑ̃ʃ]
+ [d] *il est grand* [grɑ̃]/*elle est grande* [grɑ̃d] – *il est allemand* [almɑ̃] / *elle est allemande* [almɑ̃d]

+ [g] *il est long* [lɔ̃]/*elle est longue* [lɔ̃g]

+ [s] *il est roux* [ru]/*elle est rousse* [rus]

+ [t] *il est petit* [pəti]/*elle est petite* [pətit]

+ [z] *il est français* [frɑ̃sɛ]/*elle est française* [frɑ̃sɛz]

 – Si l'adjectif masculin se termine par *-f*, le féminin se termine par *-ve* :   *neuf/neuve*

– Si l'adjectif masculin se termine par *-n*, le féminin se termine par *-nne* :   *bon/bonne*

– Si l'adjectif masculin se termine par *-s*, le féminin se termine par *-sse* :   *gros/grosse*

Quelquefois, c'est très différent : *beau/belle – vieux/vieille*

 Avec *C'est…*, l'adjectif est toujours masculin.

Le français, c'est intéressant. – La musique, c'est beau. – La Chine, c'est grand.

2. Le nombre : singulier et pluriel

a. Comme pour le nom, en général, on ajoute un *-s* pour le pluriel : *une voiture/des voiture**s***

b. Si l'adjectif se termine par *-s* ou *-x* au singulier, le pluriel est le même :
il est gros/ils sont gros – *il est délicieux / ils sont délicieux*

3. La place de l'adjectif

a. En général, les adjectifs **longs** sont **après** le nom, les adjectifs **courts et fréquents avant** le nom.

une chose extraordinaire – une idée impossible // une jolie chose – une bonne idée

b. Les adjectifs de **nationalité**, de **couleur** ou de **forme** sont toujours après le nom.
un garçon égyptien – une fille blonde – une table carrée

4. L'expression de la comparaison

plus … que / aussi … que / moins … que

*Il est **plus** grand **que** son père.*

*Le nouveau film de Kitano est **aussi** intéressant **que** les autres.*

*Paris est **moins** grand **que** New York.*

Les verbes

1. La conjugaison

Elle est vraiment difficile parce que la forme du verbe change selon les personnes.

Par exemple, pour le verbe *être* : *je suis, tu es, il est, nous sommes, vous êtes, ils sont*

Pour la conjugaison, il y a **trois groupes de verbes** :

a. ceux qui se terminent par *-er* (*parler, travailler, manger, écouter…*). Pour ces verbes, pas de problème, ils sont très réguliers (sauf le verbe *aller*) ;

b. ceux qui se conjuguent comme le verbe ***finir*** : ils sont très réguliers aussi mais, hélas !, ils ne sont pas très nombreux (*choisir, réussir, réfléchir…*) ;

c. pour tous les autres, un conseil : aller voir dans la partie **Conjugaisons** pages 130-133.

2. Trois types de verbes

a. Les verbes **personnels** qui ont un sujet « personnel » : un nom ou un pronom.

Tom est là. – Mon frère est parti. – Je lis.

b. Les verbes **impersonnels** : le sujet (*il*) est « impersonnel » et le verbe toujours au singulier.

Il y a deux filles dans la classe. – Il faut des légumes. – Il pleut, il neige, il fait froid.

c. Les verbes **pronominaux réfléchis** : *s'appeler, se lever, s'habiller, se dépêcher, se doucher…*
Ils ont un sujet et un pronom qui représente la même personne.

Je me lève, elle se dépêche, nous nous baignons, vous vous reposez…

3. L'indicatif

a. Le présent
Il exprime une action en train de se faire (*Léa travaille*) ou qui va se faire bientôt (*Demain, je pars au Mexique*), une action habituelle (*Tous les samedis, je fais des courses*).

b. Le futur proche
Il exprime une action, un événement proche dans le temps ou proche dans l'idée du locuteur.
  Ils vont se marier le mois prochain. (proche dans le temps)
  Dans trois ans, je vais arrêter de travailler. (proche dans mon esprit : j'anticipe mon départ)

c. Le passé composé
Il exprime un fait, un événement, une action terminée dans le passé.
  Il a visité la Cité interdite et il a vu aussi la Grande Muraille.
  (on parle de quelque chose complètement terminé dans le temps).

Il se conjugue :
- soit avec l'auxiliaire *avoir* + participe passé : *J'ai commencé à travailler en 2007.*
  [Presque tous les verbes sont dans ce cas.]
- soit avec l'auxiliaire *être* + participe passé :
  [Il n'y a pas beaucoup de verbes dans ce cas mais ils sont très fréquents : on les utilise tout le temps !]

  – pour les verbes *aller, arriver, (re)venir, devenir, partir, sortir, (r)entrer, retourner, monter, descendre, passer, tomber, rester, naître, mourir.*
  Il est sorti à 5 h et il est rentré chez lui à 7h30.

  – et pour **tous** les verbes pronominaux : *se lever, se dépêcher, se reposer…*
  Nous sommes partis à la campagne et nous nous sommes reposés.

 Avec l'auxiliaire *être*, il faut accorder le participe avec le sujet comme un adjectif.
  Elle est née à Alger, elle est arrivée en France en 1998. Elle est retournée en Algérie en 2009.
  Ils se sont levés à 8 h, ils se sont habillés, ils sont arrivés à l'école à 9 h.

■ Comment « fabriquer » le participe passé ?

- Pour les **verbes en -er**, c'est facile : le participe passé **se termine par -é**.
  regarder → j'ai regardé – aimer → j'ai aimé – aller → je suis allé

- Pour les **autres verbes**, c'est plus difficile ! **Les terminaisons changent**. Il faut les apprendre petit à petit et vérifier dans une grammaire.

avoir	→ j'ai eu	écrire	→ j'ai écrit	pouvoir	→ j'ai pu
être	→ j'ai été	partir	→ je suis parti(e)	prendre	→ j'ai pris
connaître	→ j'ai connu	faire	→ j'ai fait	voir	→ j'ai vu
dormir	→ j'ai dormi	lire	→ j'ai lu	venir	→ je suis venu(e)

 Attention aux **participes très irréguliers** : *naître → je suis né(e) – vivre → j'ai vécu – mourir → je suis mort(e)*

d. L'imparfait
La forme est très régulière. On part de la première personne du pluriel du présent : *nous avons, nous finissons, nous faisons…*, et on ajoute au radical les terminaisons :
  -ais, -ais, -ait, -ions, -iez, -aient

Exemple : prendre → nous pren-ons → *je prenais, tu prenais, il prenait, nous prenions, vous preniez, ils prenaient*

  *Maintenant, **nous finissons** le travail à 17 h et **nous arrivons** à 8 h.*
  *Avant, **nous finissions** à 19 h mais **nous arrivions** à 10 h.*

Remarques :

1. Les trois personnes du singulier et la dernière personne du pluriel se prononcent de la même façon : *je finissais, tu finissais, il finissait, ils finissaient* (= [finisɛ])

2. Il y a une exception : le verbe *être* ➜ présent : *nous sommes* ; imparfait : **nous étions**.

■ On utilise l'imparfait pour :

• décrire une situation dans le passé :

Dans les années 60, les filles portaient des mini-jupes et les garçons des pantalons pattes d'éléphant.

• décrire quelque chose ou quelqu'un dans le passé :

Napoléon était petit, il avait les yeux bleus…

• raconter quelque chose d'habituel, qui se répète (dans le passé) :

Avant, tous les ans, on allait en vacances à Nice.

e. Les relations passé composé / imparfait

On rencontre ces deux temps presque toujours ensemble. C'est normal : le passé composé donne les faits, les événements, les actions ; l'imparfait apporte les circonstances, les commentaires, les descriptions…

Comparez ces deux textes.

• *Hier, je me suis levé à 8 h, j'ai pris le bus et je suis arrivé au bureau à 9 h10. À midi, j'ai retrouvé mon amie Pauline et nous avons déjeuné au restaurant.*

➜ Vous constatez qu'il y a seulement les faits, les actions.

• *Hier, je me suis levé à 8 h, **il faisait très beau et il y avait un soleil magnifique**. J'ai pris le bus ; **il y avait des embouteillages, comme d'habitude**, et je suis arrivé au travail à 9h10. **Mon directeur n'était pas content !** À midi, j'ai retrouvé mon amie Pauline et nous avons déjeuné au restaurant. **C'était délicieux et nous étions heureux de nous revoir.**

➜ Vous voyez que les phrases à l'imparfait apportent des descriptions, des commentaires, des réactions, des sentiments…

4. L'impératif

Il sert à ordonner ou à conseiller. Il n'a que trois personnes : *Va chez lui ! Allons chez lui ! Allez chez lui !*

 Avec les verbes **pronominaux**, le pronom est **après** le verbe :

Dépêche-toi ! – Levez-vous !

Observez :

Tu écoutes ➜ *Écoute !*   *Tu regardes* ➜ *Regarde !*

Pour les verbes en -**er**, le -**s** de la 2ᵉ personne du singulier disparaît à l'impératif.

5. Quelques verbes un peu particuliers

a. Le verbe **pouvoir** a deux sens principaux :

– être capable de…, avoir la capacité de… ➜ *Je peux faire l'exercice tout seul.*

– avoir l'autorisation, la permission de… ➜ *Maman, je peux sortir, s'il te plaît ?*

b. Le verbe **savoir** a aussi deux sens principaux :

– connaître (au sens abstrait) ➜ *Elle sait la vérité.*

– être capable de…, avoir une compétence ➜ *Tu sais nager ?*

c. Attention à la différence entre **savoir** et **connaître**.

• **Pour la construction**

– Avec *savoir*, il y a trois constructions possibles :

Elle sait la vérité.   *Elle sait parler russe.*   *Elle sait que tu es là.*
(*savoir* + nom)   (*savoir* + infinitif)   (*savoir* + que…)

– Avec *connaître*, il y a une seule construction possible :

Elle connaît la vérité.

• **Pour le nom qui suit**

– *savoir* + nom commun abstrait (*elle sait sa leçon, elle sait la vérité…*)

– *connaître* + nom propre (*Je connais Tom*) ou + nom commun concret (*Je connais le musée d'Orsay*) ou + nom commun abstrait (*Je connais la vérité*).

d. Le verbe *vouloir* peut exprimer :
   – la volonté, le désir ➜ *Je veux être médecin. – Qu'est-ce que tu veux comme cadeau ?*
   – une simple demande ➜ *Je voudrais une baguette et un croissant, s'il vous plaît.*
   (Rappel : on utilise *je voudrais* pour demander poliment quelque chose.)

e. Le verbe *devoir* exprime le plus souvent l'obligation.
   Tu dois être à 8 h au lycée.

Communiquons !

COMMENT FAIRE POUR…	
Poser une question… sur l'identité de quelqu'un sur l'identité de quelque chose sur le lieu sur un itinéraire sur le temps sur le jour, l'heure sur l'âge sur un prix sur le temps qu'il fait	*Qui est-ce ?* *Qu'est-ce que c'est ?* *Tu vas où ? – Où est-ce que tu vas ?* *C'est loin ? – C'est à gauche ou à droite ?* *On part quand ? – Quand est-ce qu'on part ?* *C'est quel jour ? – C'est à quelle heure ?* *Elle a quel âge ? Ils ont quel âge ?* *C'est cher ? – C'est combien ?* *Il fait quel temps ? – Il pleut ?*
Demander quelque chose poliment	*Je voudrais du sucre, de la farine et du beurre, s'il vous plaît.* *Je pourrais avoir un kilo de cerises, s'il vous plaît ?* *S'il te plaît, tu peux fermer la porte ?*
Demander son avis à quelqu'un	*Tu la trouves comment, ma robe ?* *Tu aimes bien le nouveau film de Kitano ?*
Donner son avis	*Je la trouve sympa, je l'aime bien.* *Elle est sympa, je crois.* *Ta robe ? Je ne la trouve pas terrible…*
Remercier	*Merci. – Merci beaucoup. – C'est très gentil.*
Accepter	*Oui, bien sûr ! – Avec plaisir ! – Volontiers ! – Quelle bonne idée ! – Super !*
S'excuser/Refuser	*Pardon ! – Oh, pardon ! – Excusez-moi ! – Pardon, je suis vraiment désolé(e) !*
Comparer	*Mathilde est **plus** jeune **que** son frère.* *Elle est **aussi** grande **que** lui.* *Leur petite sœur Linda est **moins** grande **qu'**eux.*
Exprimer la cause	*– **Pourquoi** les gardiens n'ont pas entendu le voleur ?* *– **Parce qu'**ils dormaient.*
Situer quelque chose dans le temps : • *pendant* • *depuis* • *il y a*	• *Il a habité à Kobe **pendant** 6 ans.* (par ex., de 1990 à 1996) (idée d'une durée limitée dans le passé) • *Il habite à Paris **depuis** 10 ans / depuis le 15 juin / depuis son mariage.* (depuis + une durée / une date / un événement ➜ il habite encore à Paris) • *Il est allé en France **il y a** 2 ans / **il y a** longtemps.* (il y a + une durée ➜ on parle d'un voyage précis, à un moment précis, terminé dans le passé)

Tableaux des conjugaisons

	Présent	Passé composé	Imparfait	Impératif
ÊTRE	je suis tu es il/elle est nous sommes vous êtes ils/elles sont	j'ai été tu as été il/elle a été nous avons été vous avez été ils/elles ont été	j'étais tu étais il/elle était nous étions vous étiez ils/elles étaient	sois soyons soyez
AVOIR	j'ai tu as il/elle a nous avons vous avez ils/elles ont	j'ai eu tu as eu il/elle a eu nous avons eu vous avez eu ils/elles ont eu	j'étais tu étais il/elle était nous étions vous étiez ils/elles étaient	aie ayons ayez
ARRIVER	j'arrive tu arrives il/elle arrive nous arrivons vous arrivez ils/elles arrivent	je suis arrivé(e) tu es arrivé(e) il/elle est arrivé(e) nous sommes arrivé(e)s vous êtes arrivé(e)(s) ils/elles sont arrivé(e)s	j'arrivais tu arrivais il/elle arrivait nous arrivions vous arriviez ils/elles arrivaient	arrive arrivons arrivez
TRAVAILLER	je travaille tu travailles il/elle travaille nous travaillons vous travaillez ils/elles travaillent	j'ai travaillé tu as travaillé il/elle a travaillé nous avons travaillé vous avez travaillé ils/elles ont travaillé	je travaillais tu travaillais il/elle travaillait nous travaillions vous travailliez ils/elles travaillaient	travaille travaillons travaillez
FINIR	je finis tu finis il/elle finit nous finissons vous finissez ils/elles finissent	j'ai fini tu as fini il/elle a fini nous avons fini vous avez fini ils/elles ont fini	je finissais tu finissais il/elle finissait nous finissions vous finissiez ils/elles finissaient	finis finissons finissez

	Présent	Passé composé	Imparfait	Impératif
ALLER	je vais tu vas il/elle va nous allons vous allez ils/elles vont	je suis allé(e) tu es allé(e) il/elle est allé(e) nous sommes allé(e)s vous êtes allé(e)(s) ils/elles sont allé(e)s	j'allais tu allais il/elle allait nous allions vous alliez ils/elles allaient	va allons allez
CONNAÎTRE	je connais tu connais il/elle connaît nous connaissons vous connaissez ils/elles connaissent	j'ai connu tu as connu il/elle a connu nous avons connu vous avez connu ils/elles ont connu	je connaissais tu connaissais il/elle connaissait nous connaissions vous connaissiez ils/elles connaissaient	connais connaissons connaissez
DEVOIR	je dois tu dois il/elle doit nous devons vous devez ils/elles doivent	j'ai dû tu as dû il/elle a dû nous avons dû vous avez dû ils/elles ont dû	je devais tu devais il/elle devait nous devions vous deviez ils/elles devaient	dois devons devez
DIRE	je dis tu dis il/elle dit nous disons vous dites ils/elles disent	j'ai dit tu as dit il/elle a dit nous avons dit vous avez dit ils/elles ont dit	j'ai dit tu as dit il/elle a dit nous avons dit vous avez dit ils/elles ont dit	dis disons dites
DORMIR	je dors tu dors il/elle dort nous dormons vous dormez ils/elles dorment	j'ai dormi tu as dormi il/elle a dormi nous avons dormi vous avez dormi ils/elles ont dormi	je dormais tu dormais il/elle dormait nous dormions vous dormiez ils/elles dormaient	dors dormons dormez
ÉCRIRE	j'écris tu écris il/elle écrit nous écrivons vous écrivez ils/elles écrivent	j'ai écrit tu as écrit il/elle a écrit nous avons écrit vous avez écrit ils/elles ont écrit	j'écrivais tu écrivais il/elle écrivait nous écrivions vous écriviez ils/elles écrivaient	écris écrivons écrivez

	Présent	Passé composé	Imparfait	Impératif
ENTENDRE	j'entends tu entends il/elle entend nous entendons vous entendez ils/elles entendent	j'ai entendu tu as entendu il/elle a entendu nous avons entendu vous avez entendu ils/elles ont entendu	j'entendais tu entendais il/elle entendait nous entendions vous entendiez ils/elles entendaient	entends entendons entendez
FAIRE	je fais tu fais il/elle fait nous faisons vous faites ils/elles font	j'ai fait tu as fait il/elle a fait nous avons fait vous avez fait ils/elles ont fait	je faisais tu faisais il/elle faisait nous faisions vous faisiez ils/elles faisaient	fais faisons faites
LIRE	je lis tu lis il/elle lit nous lisons vous lisez ils/elles lisent	j'ai lu tu as lu il/elle a lu nous avons lu vous avez lu ils/elles ont lu	je lisais tu lisais il/elle lisait nous lisions vous lisiez ils/elles lisaient	lis lisons lisez
PARTIR	je pars tu pars il/elle part nous partons vous partez ils/elles partent	je suis parti(e) tu es parti(e) il/elle est parti(e) nous sommes parti(e)s vous êtes parti(e)(s) ils/elles sont parti(e)s	je partais tu partais il/elle partait nous partions vous partiez ils/elles partaient	pars partons partez
POUVOIR	je peux tu peux il/elle peut nous pouvons vous pouvez ils/elles peuvent	j'ai pu tu as pu il/elle a pu nous avons pu vous avez pu ils/elles ont pu	je pouvais tu pouvais il/elle pouvait nous pouvions vous pouviez ils/elles pouvaient	n'existe pas
PRENDRE	je prends tu prends il/elle prend nous prenons vous prenez ils/elles prennent	j'ai pris tu as pris il/elle a pris nous avons pris vous avez pris ils/elles ont pris	je prenais tu prenais il/elle prenait nous prenions vous preniez ils/elles prenaient	prends prenons prenez

	Présent	Passé composé	Imparfait	Impératif
SAVOIR	je sais tu sais il/elle sait nous savons vous savez ils/elles savent	j'ai su tu as su il/elle a su nous avons su vous avez su ils/elles ont su	je savais tu savais il/elle savait nous savions vous saviez ils/elles savaient	sache sachons sachez
VENIR	je viens tu viens il/elle vient nous venons vous venez ils/elles viennent	je suis venu(e) tu es venu(e) il/elle est venu(e) nous sommes venu(e) vous êtes venu(e)(s) ils/elles sont venu(e)s	je venais tu venais il/elle venait nous venions vous veniez ils/elles venaient	viens venons venez
VIVRE	je vis tu vis il/elle vit nous vivons vous vivez ils/elles vivent	j'ai vécu tu as vécu il/elle a vécu nous avons vécu vous avez vécu ils/elles ont vécu	je vivais tu vivais il/elle vivait nous vivions vous viviez ils/elles vivaient	vis vivons vivez
VOIR	je vois tu vois il/elle voit nous voyons vous voyez ils/elles voient	j'ai vu tu as vu il/elle a vu nous avons vu vous avez vu ils/elles ont vu	je voyais tu voyais il/elle voyait nous voyions vous voyiez ils/elles voyaient	vois voyons voyez
VOULOIR	je veux tu veux il/elle veut nous voulons vous voulez ils/elles veulent	j'ai voulu tu as voulu il/elle a voulu nous avons voulu vous avez voulu ils/elles ont voulu	je voulais tu voulais il/elle voulait nous voulions vous vouliez ils/elles voulaient	veuille veuillons veuillez
SE LEVER	je me lève tu te lèves il/elle se lève nous nous levons vous vous levez ils/elles se lèvent	je me suis levé(e) tu t'es levé(e) il/elle s'est levé(e) nous nous sommes levé(e)s vous vous êtes levé(e)(s) ils/elles se sont levé(e)s	je me levais tu te levais il/elle se levait nous nous levions vous vous leviez ils/elles se levaient	lève-toi levons-nous levez-vous

Lexique

1. Les mots sont suivis du numéro de la leçon dans laquelle ils apparaissent la première fois.
2. Abréviations : f. = féminin ; m. = masculin ; v. = verbe – En rouge : les manières de dire.

A
1. à bientôt ! 1
2. accepter 23
3. acheter 9
4. acteur/actrice un(e) 23
5. addition une 16
6. adorer 5
7. à droite 11
8. aéroport un 8
9. à gauche 11
10. âge un 6
11. aimer 5
12. allemand(e) 4
13. aller 7
14. allô ! 1
15. alors 3
16. américain(e) 3
17. ami(e) un(e). 6
18. amuser (s') 20
19. an un 6
20. ananas un 9
21. anglais(e) 4
22. animal un 17
23. année une 20
24. anniversaire un 6
25. à pied (aller à –) 11
26. appeler 13
27. appeler (s') 2
28. après 11
29. après-midi un 14
30. arriver 8
31. à tout à l'heure 7
32. attention ! 13
33. aujourd'hui 15
34. au revoir 1
35. aussi 2
36. autre 21
37. avant 22
38. avec 7
39. avoir 6

B
40. bac le 17
41. baguette une 1
42. baigner (se) 19
43. bain (prendre un) 24
44. banane une 9
45. banque une 11
46. barbe une 8
47. bateau (faire du) 19
48. bavarder 15
49. beau/belle 6
50. beau (il fait –) 19
51. beaucoup 5
52. beurre du 10
53. bien 1
54. bien sûr 3
55. billet un 12
56. blanc/blanche 8
57. bleu(e) 18
58. blond(e) 8
59. boire 24
60. boîte une 9
61. bon/ne 7
62. bonjour 1
63. bougie une 10

64. bouteille une 10
65. bravo ! 4
66. bronzé(e) 19
67. brun(e) 8
68. bureau un 13
69. bus, autobus un 11
C
70. ça 5
71. ça alors ! 23
72. cadeau un 6
73. café un 9
74. ça s'arrose 10
75. ça s'est bien passé 20
76. ça suffit 19
77. ça va 1
78. célèbre 6
79. célibataire 17
80. cerise une 9
81. c'est combien ? 9
82. chaleur la 19
83. chambre une 21
84. chance de la 18
85. changer 23
86. chapeau un 21
87. château un. 12
88. chaud (il fait –) 19
89. chaussure une 19
90. cher/ère 9
91. chercher 11
92. cheveu un 8
93. chez 12
94. chinois(e) 4
95. chocolat du 10
96. cinéma un 5
97. circuler 22
98. classique 21
99. comme 10
100. comme ça 21
101. comme d'habitude 19
102. commencer 20
103. comment 1
104. comment ça va ? 1
105. concert un 7
106. confiture de la 13
107. connaître 3
108. continuer 20
109. copain un, copine une 15
110. cours un 20
111. courses les (f) 10
112. croissant un 1
D
113. d'abord 22
114. d'accord ! 5
115. dans 3
116. danser 5
117. debout 13
118. décembre 12
119. décorateur un 18
120. déjà 23
121. déjeuner 14
122. délicieux/ieuse 9
123. demain 8
124. demander 11
125. demi(e) 13
126. dépêcher (se) 13

127. depuis 18
128. dernier/ière 15
129. désolé(e) 4
130. dessert un 10
131. détester 5
132. deuxième 11
133. devant 11
134. devenir 23
135. devoir 21
136. différent(e) 22
137. difficile 17
138. dimanche un 12
139. dîner un 15
140. dîner 12
141. dire 24
142. direct(e) 11
143. dis-moi 21
144. disputer (se) 24
145. docteur un 14
146. dormir 5
147. doucher (se) 13
148. droit (aller tout –) 11
E
149. eau l' (f.) 22
150. échapper (s') 24
151. écharpe une 19
152. école une 13
153. économie l' (f.) 2
154. écouter 22
155. écrire 22
156. élégant(e) 21
157. elle 4
158. embouteillage un 24
159. en face (de) 23
160. encore 13
161. enfant un(e) 9
162. enfin 23
163. énorme 24
164. ensemble 6
165. ensuite 15
166. entendre 24
167. entreprise une 17
168. entrer 24
169. épouser 16
170. espagnol(e) 4
171. essayer 21
172. et 3
173. et alors ? 23
174. été un 20
175. être 2
176. études les (f.) 17
177. étudiant(e) un(e) 3
178. euro un 9
179. eux 19
180. exactement 20
181. examen un 20
182. excellent(e) 7
183. excusez-moi 2
184. exister 22
185. expo (exposition) une 12
F
186. facile 11
187. faire 5
188. fais attention ! 21
189. fait divers un 24

190. famille une 15
191. farine de la 10
192. fatigant(e) 18
193. fatigué(e) 13
194. faut (il –) 9
195. femme une 15
196. fête une 21
197. fille une 16
198. film un. 7
199. fils un 16
200. fini ! 17
201. finir 20
202. folie une 12
203. foot (ball) le 5
204. français(e) 2
205. frère un 15
206. frites des (f) 10
207. froid (il fait –) 19
208. fruit un 9
G
209. gardien un 24
210. gare une 11
211. gâteau un 1
212. gens les (m. pl.) 22
213. gigot un 10
214. grand(e) 8
215. grand-mère une 16
216. grand-père un 16
217. gros/grosse 19
H
218. habiller (s') 13
219. habiter (à) 3
220. haricot vert un 9
221. hein ? 22
222. heure une 7
223. heure (avoir l'–) 13
224. heureusement 20
225. hier 15
226. homme un 21
227. hôtel un 24
I
228. ici 3
229. idée une 7
230. il 5
231. il y a (+ durée) 22
232. ils 7
233. important(e) 21
234. impossible 22
235. incroyable 17
236. informaticien/ne un(e) 2
237. ingénieur un 17
238. inondation une 22
239. intéressant(e) 3
240. interroger 24
241. inviter 22
242. iranien/ne 6
243. irlandais(e) 16
244. italien/ne 4
J
245. janvier 22
246. japonais(e) 2
247. jaune 21
248. jazz le 7
249. je 2
250. jeudi un 14
251. jeune 6
252. je vous en prie 2

1. See you soon 1
2. To agree. To accept 23
3. To buy 9
4. Actor. Actress 23
5. The bill 16
6. To love 5
7. The right 11
8. Airport 8
9. The left 11
10. Age 6
11. To like 5
12. German 4
13. To go 7
14. Hello ! 1
15. Then 3
16. American 3
17. Friend 6
18. To have fun 20
19. Year 6
20. Pineapple 9
21. Englishman. Englishwoman 4
22. Animal 17
23. Year 20
24. Anniversary 6
25. Walking 11
26. To call 13
27. (sb's) name is… 2
28. After 11
29. Afternoon 14
30. To arrive 8
31. See you later 7
32. Watch out ! Beware ! 13
33. Today 15
34. Goodbye 1
35. Too, Also 2
36. Another 21
37. Before 22
38. With 7
39. To have 6
40. Baccalauréat (final secondary school examination qualifying for university entrance) 17
41. Baguette 1
42. To bathe. To have a bath. To go bathing 19
43. Bathe (to have a) 24
44. Banana 9
45. Bank 11
46. Beard 8
47. To go boating (a boat) 19
48. To chat. To talk 15
49. Beautiful 6
50. Sunny weather 19
51. Much. A lot. A great deal 5
52. Butter 10
53. Well 1
54. Of course 3
55. Ticket 12
56. White 8
57. Blue 18
58. Blond 8
59. To drink 24
60. Box 9
61. Good 7
62. Good morning 1
63. Candle 10
64. Bottle 10
65. Bravo ! Well done ! Congratulations 4
66. Suntanned 19
67. To have dark hair 8

68. Office 13
69. Bus 11
70. This. That 5
71. My Goodness! Wow! 23
72. Present, Gift 6
73. Coffee 9
74. Let's drink to… 10
75. All went well 20
76. Enough 19
77. All right 1
78. Famous 6
79. Single. Bachelor 17
80. Cherry 9
81. How much 9
82. Hot weather 19
83. Room. Bedroom 21
84. Luck 18
85. To change 23
86. Hat 21
87. Chateau. Castle 12
88. It's hot, It's warm 19
89. Shoe 19
90. Expensive 9
91. To try to find, To look for 11
92. Hair 8
93. At (sb's). To (sb's) 12
94. Chinese 4
95. Chocolate 10
96. Cinema. Movie theater 5
97. To move. To run. To drive. To circulate 22
98. Conventional. Classical 21
99. As. Like 10
100. Like this. Like that 21
101. As usual 19
102. To begin. To start 20
103. How 1
104. How are you ? 1
105. Concert 7
106. Jam 13
107. To know 3
108. To continue. To keep up. To carry on 20
109. Friend. Mate 15
110. Class. Lesson. Course 20
111. Shopping 10
112. Croissant 1
113. First. Initially 22
114. OK 5
115. In 3
116. To dance 5
117. To get up. To stand up 13
118. December 12
119. Designer 18
120. Already 23
121. To lunch. Lunch 14
122. Delicious 9
123. Tomorrow 8
124. To ask 11
125. Half 13
126. To hurry up 13
127. Since 18
128. Last 15
129. Sorry 4
130. Dessert 10
131. To hate 5
132. Second 11
133. In front of. Ahead 11
134. To become 23
135. Must 21
136. Different 22

137. Difficult 17
138. Sunday 12
139. Dinner 15
140. To have dinner 12
141. To say 24
142. Direct 11
143. Tell me 21
144. To argue. To quarrel 24
145. Doctor 14
146. To sleep 5
147. To take a shower 13
148. Strait ahead 11
149. Water 22
150. To run away 24
151. Scarf 19
152. School 13
153. Economy 2
154. To listen 22
155. To write 22
156. Elegant. Smart 21
157. She 4
158. A traffic jam 24
159. Right in front of 23
160. More. Still 13
161. Child 9
162. Finally. At last 23
163. Huge. Enormous 24
164. Together 6
165. Then. Next 15
166. To hear 24
167. Firm. Business. Enterprise 17
168. To go in. To enter 24
169. To marry 16
170. Spanish 4
171. To try 21
172. And 3
173. Then? 23
174. Summer 20
175. To be 2
176. Studies (f.) 17
177. Student 3
178. Euro 9
179. They. Them 19
180. Exactly. Precisely 20
181. An exam 20
182. Excellent 7
183. I'm sorry. Excuse me 2
184. To exist 22
185. An exhibition 12
186. Easy 11
187. To make. To do 5
188. Be careful! 21
189. News item 24
190. Family 15
191. Flour 10
192. Tiring. Tiresome 18
193. Tired 13
194. Must. To have to 9
195. Woman 15
196. A fête. A party. A festival 21
197. Daughter. Girl 16
198. Film 7
199. Son. Boy 16
200. Finish ! 17
201. To finish 20
202. Extravagant. Crazy. Mad 12
203. Soccer ; Football 5
204. French 2
205. Brother 15
206. Chips. French fries 10
207. Cold (weather) 19

208. Fruit 9
209. Caretaker. Porter. Guard 24
210. Station 11
211. Cake 1
212. People 22
213. Leg (of lamb) 10
214. Tall 8
215. Grandmother 16
216. Grandfather 16
217. Heavy. Big. Large 19
218. To get dressed. To dress up 13
219. To live in 3
220. Green bean 9
221. No? Eh? 22
222. Hour 7
223. (What) time (it is) 13
224. Fortunately 20
225. Yesterday 15
226. Man 21
227. Hotel 24
228. Here 3
229. Idea 7
230. He 5
231. Ago 22
232. They 7
233. Important 21
234. Impossible 22
235. Incredible. Unbelievable 17
236. Computer scientist 2
237. Engineer 17
238. Flood 22
239. Interesting 3
240. To question. To ask 24
241. To invite 22
242. Iranian 6
243. Irish 16
244. Italian 4
245. January 22
246. Japanese 2
247. Yellow 21
248. Jazz 7
249. I 2
250. Thursday 14
251. Young 6
252. Please. Please do. It doesn't matter 2
253. Lovely. Pretty. Nice 3
254. Day 14
255. Newspaper 22
256. Journalist 2
257. Day 14
258. Judo 4
259. June 20
260. Just 23
261. Kilo 9
262. There 17
263. Milk 9
264. Vegetable 9
265. Letter 22
266. Their 15
267. Them 24
268. Free 8
269. To read 5
270. Liter 9
271. Far. Far away 11
272. Long 8
273. For a long time 16
274. Him 4
275. Him. Her 24
276. Monday 14
277. Glasses 8

278. Secondary school. High school **21**
279. Madam **1**
280. Miss **6**
281. Magazine **6**
282. Magnificent. Fantastic. Gorgeous **6**
283. Thin **8**
284. Now **16**
285. But **4**
286. Home (at) **15**
287. To eat **15**
288. Tuesday **14**
289. Husband **16**
290. Master (degree) **17**
291. Morning **14**
292. (To do the) housework **15**
293. Thank-you **1**
294. Wednesday **14**
295. Mother **16**
296. Ladies **2**
297. Gentlemen **2**
298. Subway. Underground **11**
299. To put. To put on **19**
300. Twelve o'clock. Midday. Lunchtime **13**
301. Minute **11**
302. Me **1**
303. Minus. Less. (Time : it's…. to…) **14**
304. Less (than) **21**
305. My **15**
306. Instructor **23**
307. Sir **1**
308. Mountain **23**
309. To die **18**
310. Motorbike **5**
311. Musician **7**
312. To be born **18**
313. (To) snow **19**
314. Aren't you ? Isn't it ? **3**
315. Black **21**
316. Name **23**
317. No **2**
318. Our **16**
319. Us. We **6**
320. New **7**
321. Night **24**
322. In the middle of the night **24**
323. Egg **10**
324. Oh. Ooh. Oho. **23**
325. We. They. People. Somebody **7**
326. Opera **5**
327. Orange **9**
328. Computer **17**
329. Or **10**
330. Where **7**
331. Yes **1**
332. Bag. Packet. Pack **9**
333. Umbrella **19**
334. Because **24**

335. Excuse-me. Sorry. Pardon **2**
336. Parents **15**
337. For instance. For example **10**
338. Perfect **10**
339. To speak. To talk **3**
340. To leave **12**
341. Everywhere **16**
342. I don't agree! **23**
343. Not at all **3**
344. Out of the question **13**
345. Not terrific **21**
346. To spend (time) **15**
347. To go (under, over, through) **22**
348. Painter **6**
349. During **17**
350. Lost. To get lost **11**
351. Father **16**
352. Period **18**
353. Small **6**
354. Breakfast **13**
355. A little. A bit. Not much **4**
356. Maybe. Perhaps **19**
357. Philosophy **20**
358. Photo **6**
359. Photographer **6**
360. Beach **5**
361. Dish **10**
362. To rain **19**
363. More …(than) **21**
364. Later **17**
365. Rather. Quite **21**
366. Fish **10**
367. A policeman **24**
368. Potato **9**
369. A Bridge **22**
370. Mobile phone **22**
371. Door **20**
372. Possible **14**
373. Job. Position. Post **17**
374. For **6**
375. Why **24**
376. Can. May. To be able to **14**
377. Precious **21**
378. To prefer **5**
379. First **11**
380. To take **9**
381. To take **11**
382. To prepare. To get ready **13**
383. Near. Close **11**
384. Almost. Nearly **15**
385. Spring **20**
386. Problem **8**
387. Next **14**
388. Teacher **20**
389. Teacher. Professor **2**
390. A plan **14**
391. To offer. To suggest **23**
392. When **14**
393. Quarter **13**
394. Which. What **6**
395. Some **24**

396. Someone. Somebody **11**
397. Ponytail **8**
398. What? **23**
399. To tell **17**
400. Radio **22**
401. To fail. To miss **20**
402. Look ! **6**
403. To look. To see. To watch **20**
404. To meet **17**
405. Appointment **14**
406. Start of the academic year **20**
407. To return home. To come in. To go in **19**
408. Report. Reporting. Reportage. **22**
409. To rest **19**
410. Restaurant **3**
411. To stay **18**
412. To meet. To get together. To meet again **14**
413. To pass. To be successful. To manage to **20**
414. To wake up **13**
415. Nothing **15**
416. Dress **21**
417. Role. Part **23**
418. Pink **18**
419. Red **21**
420. Red-haired. Redhead **8**
421. Street **4**
422. Lettuce. Salad **9**
423. Saturday **12**
424. Without **19**
425. To know **21**
426. Sculptor **18**
427. Week **15**
428. Semester. Half-year **20**
429. Senegalese **2**
430. September **20**
431. Waiter. Waitress **23**
432. Alone **24**
433. Ski **23**
434. Sister **16**
435. Evening. Night **14**
436. Sun **19**
437. Sun (in the) **24**
438. His. Her. Its **15**
439. To go out **21**
440. Under **22**
441. A souvenir. A reminder **21**
442. Often **18**
443. Sport **5**
444. Steward **18**
445. Sugar **10**
446. Swiss **2**
447. Great. Terrific **4**
448. Superb **9**
449. On **12**
450. Friendly. Nice **8**
451. A painting **18**
452. A tart **10**
453. Telephone. Phone **22**

454. TV **15**
455. Weather **19**
456. Tea **16**
457. Theatre **17**
458. Well ! Here ! Listen ! **1**
459. Shy **23**
460. You **3**
461. Tomato **9**
462. To fall in love (with sb) **23**
463. Your **16**
464. A tourist **4**
465. All **14**
466. First. To begin with **24**
467. At once. Immediately **12**
468. Everyone. Everybody **10**
469. Always. All the time **24**
470. Train **12**
471. Peacefully. Quietly **24**
472. Job. Work **17**
473. To work **2**
474. Very **1**
475. Third **11**
476. Too much **19**
477. To find **17**
478. You **3**
479. You know **21**
480. To kill **24**
481. Turkish **12**
482. A bit. A little. Some **4**
483. University **20**
484. Holidays. Holiday **5**
485. A cow **24**
486. Lived **18**
487. Bike. Bicycle **19**
488. Friday **12**
489. To come **7**
490. Green **16**
491. Veterinary surgeon. Veterinarian **17**
492. Meat **10**
493. Old **23**
494. Quick. Quickly **13**
495. To live **16**
496. There. Here it is. Here you are **1**
497. To see **12**
498. Neighbor **23**
499. A car **12**
500. Robber. Thief **24**
501. Your **16**
502. I would like **11**
503. To want **17**
504. You **1**
505. A trip. A journey **12**
506. To travel **18**
507. True **9**
508. Really **23**
509. Weekend **12**

1. 後でまた 1
2. 賛成する。23
3. 買う 9
4. 俳優。女優。23
5. 勘定 16
6. 大好き 5
7. 右 11
8. 飛行場 8
9. 左 11
10. 年齢 6
11. 好きである 5
12. ドイツ人。
　　ドイツ語 4
13. 行く 7
14. もしもし 1
15. それでは 3
16. アメリカ人 3
17. 友達。友人 6
18. 遊ぶ 20
19. 年 6
20. パイナップル 9
21. イギリス人。
　　英語 4
22. 動物 17
23. 年 20
24. 誕生日 6
25. 歩いて 11
26. 呼ぶ 13
27. 名前は。。。。
　　と言う 2
28. の次に。の後で 11
29. 午後 14
30. 着く。到着する 8
31. あとでまた 7
32. 気をつけて。
　　注意 13
33. 今日 15
34. さよなら。
　　ではまた 1
35. も 2
36. 別の。他の。21
37. 昔は。前は。22
38. と。と一緒に 7
39. 持つ。所有する 6
40. バカロレア 17
41. バゲット 1
42. 泳ぐ。浴びる 19
43. 泳ぐ。24
44. バナナ 9
45. 銀行 11
46. あごヒゲ 8
47. 舟 19
48. おしゃべりする 15
49. 美しい 6
50. 天気がよい 19
51. 沢山。非常に。
　　多くの 5
52. バター 10
53. よく 1
54. もちろん 3
55. 切符 12
56. 白い 8
57. 青い 18
58. 金髪の 8
59. 飲む。24
60. 箱 9
61. 良い 7
62. 今日は 1
63. ローソク 10
64. びん 10

65. ブラボー。
　　うまい 4
66. 日に焼けた 19
67. 褐色の髪の人 8
68. 事務所 13
69. バス 11
70. これ。それ。
　　あれ 5
71. アラッ。オヤッ。23
72. 贈り物 6
73. コーヒー 9
74. 乾杯すべきです 10
75. うまくいきました 20
76. それで十分です 19
77. 元気です。
　　いいです 1
78. 有名 6
79. 独身 17
80. さくらんぼう 9
81. いくら？ 9
82. 暑さ 19
83. 部屋。寝室。21
84. 運 18
85. 変える。23
86. 帽子。21
87. 城 12
88. 暑い 19
89. 靴 19
90. たかい 9
91. さがす 11
92. 髪の毛 8
93. の家（に、へ）12
94. 中国人 4
95. チョコレート 10
96. 映画館 5
97. 往来する。22
98. ごく普通の。21
99. のように 10
100. そのような。21
101. いつものように 19
102. 始める 20
103. どのように 1
104. お元気ですか？ 1
105. コンサート。
　　音楽会 7
106. ジャム 13
107. 知る 3
108. 続ける 20
109. 仲間 15
110. 講義。授業 20
111. 買い物 10
112. クロワサン 1
113. まず。22
114. 賛成。よろしい 5
115. の中に。の間に 3
116. 踊る 5
117. 立って 13
118. １２月 12
119. インテリア・デザイナ
　　ー 18
120. すでに。23
121. 昼食を食べる 14
122. おいしい 9
123. 明日 8
124. 頼む 11
125. 半（半分の）13
126. 急ぐ 13
127. 以来。から 18
128. 最後の 15
129. すみません 4
130. デザート 10

131. 嫌う 5
132. ２番目 11
133. 前 11
134. 〜になる。23
135. しなければならない。
　　21
136. 違う。22
137. 難しい 17
138. 日曜日 12
139. 夕食 15
140. 夕食をする 12
141. 言う。24
142. まっすぐ 11
143. 教えて。21
144. 喧嘩する。
　　口喧嘩する。24
145. 医者 14
146. 眠れる 5
147. シャワーを浴びる 13
148. まっすぐ 11
149. 水。22
150. 逃げる。24
151. スカーフ 19
152. 学校 13
153. 経済 2
154. 聞く。22
155. 書く。22
156. おしゃれ。21
157. 彼女は 4
158. 交通マヒ。24
159. 〜の正面に。23
160. まだ。もっと 13
161. 子供 9
162. 最後に。最終的に。23
163. 巨大な。膨大な。24
164. 一緒に 6
165. それから 15
166. 聞く。聞こえる。24
167. 企業。会社 17
168. 入る。24
169. 結婚する 16
170. スペイン人 4
171. 試してみる。
　　調べてみる。21
172. ｘと 3
173. それで？それから？ 23
174. 夏 20
175. である。いる 2
176. 勉強 17
177. 学生 3
178. ユーロ 9
179. 彼ら 19
180. 正確に。
　　ちょうど 20
181. 試験 20
182. 素晴らしい 7
183. すみません 2
184. 存在する。22
185. 展覧会。展示 12
186. 簡単な。
　　やさしい 11
187. する 5
188. 気をつけて！21
189. 三面記事。24
190. 家族 15
191. 小麦粉 10
192. 疲れさせる 18
193. 疲れた 13
194. なければならない 9
195. 女性 15
196. 祝い。21

197. 娘。女の子 16
198. フィルム 7
199. 息子 16
200. 終わった 17
201. 終える 20
202. （ぜいたくをする）
　　気違い 12
203. サッカー 5
204. フランス人 2
205. 兄。弟。兄弟 15
206. フライド・ポテト 10
207. 寒い 19
208. 果物 9
209. 番人。24
210. 駅 11
211. 菓子 1
212. 人々。22
213. もも肉 10
214. 背の高い人。
　　大きい 8
215. 祖母。お婆さん 16
216. 祖父。お爺さん 16
217. 太い。大きい 19
218. 服を着る 13
219. 住む 3
220. サヤインゲン 9
221. ねぇ？えぇ？ 22
222. 時間 7
223. （何）時
　　（ですか）13
224. 幸いにも 20
225. きのう 15
226. 人。男。人間。21
227. ホテル。24
228. ここ 3
229. 考え。アイデア 7
230. 彼は 5
231. （時間）前に。22
232. 彼らは 7
233. 大事な。21
234. ありえない。22
235. 信じられない 17
236. コンピューター専門家 2
237. 技師 17
238. 洪水。22
239. 興味深い。
　　面白い 3
240. たずねる。
　　尋問する。24
241. 招待する。22
242. イラン人 6
243. アイルランド人 16
244. イタリア人 4
245. 一月。22
246. 日本人 2
247. 黄色。21
248. ジャズ 7
249. 私は 2
250. 木曜日 14
251. 若い 6
252. どういたしまして 2
253. きれい 3
254. 日。一日 14
255. 新聞。22
256. 記者 2
257. 一日 14
258. 柔道 4
259. ６月 20
260. ちょうど。23
261. キログラム 9
262. あそこ 17

263. 牛乳 9
264. 野菜 9
265. 手紙。22
266. 彼らの。
　　彼女たちの 15
267. 彼等
　　（を、に・・・）。24
268. 自由な 8
269. 読む 5
270. リットル。
　　リッター 9
271. 遠い 11
272. 長い 8
273. 長い間 16
274. 彼（女）に
　　（へ、から。。。。）4
275. 彼（を、に・・・）。彼
　　女（を、に・・・）。24
276. 月曜日 14
277. めがね 8
278. 高等学校。21
279. 夫人 1
280. 夫人（ミス）6
281. 雑誌 6
282. 素晴らしい 6
283. やせた 8
284. 今 16
285. しかし 4
286. うちに 15
287. 食べる 15
288. 火曜日 14
289. 夫 16
290. マスター。修士 17
291. 朝 14
292. 家事をする 15
293. ありがとう 1
294. 水曜日 14
295. 母 16
296. 婦人方 2
297. 紳士 2
298. 地下鉄 11
299. つける。着る。
　　置く 19
300. １２時。正午 13
301. 一分 11
302. 私 1
303.（時間。。。分前）
　　（より少ない）14
304. ほどではない。
　　より少ない。21
305. 私の 15
306. 指導員。23
307. さん。氏 1
308. 山。23
309. 死ぬ 18
310. オートバイ 5
311. 音楽家 7
312. 生まれる 18
313. 雪が降る 19
314. そうでしょう？3
315. 黒い。21
316. 名前。23
317. いいえ 2
318. 私たちの 16
319. 私たち 6
320. 新しい 7
321. 夜。夜中。24
322. 夜中。24
323. 卵 10
324. おや。あら。23

325. 誰かが 7
326. オペラ 5
327. オレンジ 9
328. コンピューター 17
329. または。あるいは。
　　それとも 10
330. どこで 7
331. はい 1
332. 袋。箱。小包 9
333. 傘 19
334. なぜならば。24
335. すみません 2
336. 両親 15
337. 例えば 10
338. 完璧 10
339. 話す 3
　　出発する。
340. 出かける 12
341. いたる所で。
　　あっちこっちで 16
342. いや。23
343. 全然。ちっとも 3
344. 話にならない 13
345. たいしたことない。21
346. 過ごす（時間）1
347. 通る。22
348. 画家 6
349.（・・・する）
　　間に 17
350. 迷子になった。
　　失った 11
351. 父 16
352. 期間。時代 18
353. 小さい 6
354. 朝食 13
355. 少し 4
356. ひょっとしたら。
　　おそらく。多分 19
357. 哲学 20
358. 写真 6
359. カメラマン 6
360. 浜辺 5
361. 料理。皿 10
362. 雨が降る 19
363. より・・・です。21
364. あとで 17
365. どちらかと言えば。
　　むしろ。21
366. 魚 10
367. 警官。24
368. ジャガイモ 9
369. 橋。22
370. 携帯電話。22
371. ドア 20
372. 可能な 14
373. 地位 17
374. のため 6
375. なぜ。24
376. することができる 14
377. 貴重な。21
378. の方を好む。
　　の方がよい 5
379. 第一の。最初の 11
380. 取る 9
381. 取る 11
382. 準備する 13
383. 近くに 11
384. ほとんど 15
385. 春 20
386. 問題 8

387. 次の。今度の 14
388. 先生 20
389. 教授 2
390. 計画 14
391. 提案する。23
392. する時に 14
393. ４分の１。
　　１５分 13
394. どんな。どれ 6
395. いくつかの。24
396. 誰か 11
397. ポニー・テール 8
398. なに？23
399. 語る 17
400. ラジオ。22
401. 落第。そこなう 20
402. 見て。ほら 6
403. 見る。眺める 20
404. 出会う 17
405. 会う約束 14
406. 新学期の開始 20
407. 入る 19
408. ルポルタージュ。22
409. 休憩する 19
410. レストラン 3
411. とどまる。残る。
　　泊まる 18
412. また会う 14
413. 成功する 20
414. 目が覚める。
　　起きる 13
415. 何にも。。。
　　ない 15
416. ドレス。21
417. 役。23
418. ピンク色 18
419. 赤い。21
420. 赤毛の 8
421. 通り 4
422. レタス。サラダ 9
423. 土曜日 12
424. なしに 19
425. 知る。21
426. 彫刻家 18
427. 週 15
428. 半期 20
429. セネガル人 2
430. ９月 20
431. ウェーター、
　　ウェートレス。23
432. ひとりで。24
433. スキー。23
434. 姉。妹。姉妹 16
435. 夕方。晩。夜 14
436. 太陽 19
437. 太陽。24
438. 彼の。彼女の 15
439. 出る。21
440. ～の下に。22
441. 思い出。21
442. しばしば 18
443. スポーツ 5
444. スチュワード 18
445. 砂糖 9
446. スイス人 2
447. スゴい 4
448. 素晴らしい 9
449. の上に 12
450. 感じのいい 8
451. 絵 18

452. タルト 10
453. 電話。22
454. テレビ 15
455. 天気 19
456. 茶 16
457. 劇場 17
458. おや、おやおや。
　　あら 1
459. 内気。23
460. お前。君。
　　あなた 3
461. トマト 9
462. 一目ぼれする。23
463. お前の。君の。
　　あなたの 16
464. 観光客 4
465. 全ての。全体の。
　　（１日）中 14
466. まず。24
467. すぐに 12
468. 皆。全ての人 10
469. 年中。24
470. 汽車 12
471. 安心して。24
472. 仕事 17
473. 仕事する 2
474. 大変。非常に 1
475. ３番目の 11
476. 。。。過ぎる 19
477. 発見する 17
478. あなたは。君は。
　　お前は 3
479. 知ってる。ねぇ 21
480. 殺す。24
481. トルコ人 12
482. 少し 4
483. 大学 20
484. 夏休み。休み。
　　休暇。バカンス 5
485. 牛。牝牛。24
486. 生きた 18
487. 自転車 19
488. 金曜日 12
489. 来る 7
490. 緑 16
491. 獣医 17
492. 肉 10
493. 年とった。23
494. 早い 13
495. 生きる。暮らす 16
496. はい、どうぞ 1
497. 見る 12
498. 隣の人 23
499. 車 12
500. どろぼう。24
501. あなたの 16
502. 。。。を下さい 11
503. したがる。
　　欲しがる 17
504. あなた 1
505. 旅行。旅 12
506. 旅行する 18
507. 本当の 9
508. 本当に。23
509. 週末 12

1. 回头见！1
2. 接受 23
3. 买、购买 9
4. 演员 23
5. (餐馆等的) 账单 16
6. 热爱、喜爱 5
7. 右边、往右 11
8. 机场 8
9. 左边、往左 11
10. 年龄 6
11. 爱、喜欢 5
12. 德国人 4
13. 去 7
14. 喂！1
15. 那么 3
16. 美国人 3
17. 朋友 6
18. 玩、玩耍 20
19. 年、岁 6
20. 菠萝 9
21. 英国人 4
22. 动物 17
23. 年、年级 20
24. 周年纪念日、生日 6
25. 步行、走着 11
26. 叫、呼唤、给...打电话 13
27. 名叫 2
28. 在...之后、在...后面 11
29. 下午 14
30. 到达 8
31. 一会儿见 7
32. 注意！13
33. 今天 15
34. 再见 1
35. 也 2
36. 别的、其他的 21
37. 以前 22
38. 同...一起、带有 7
39. 有 6
40. 中学毕业会考、中学毕业文凭 17
41. 棍形面包 1
42. 洗澡、游泳 19
43. 洗个澡、游会儿泳 24
44. 香蕉 9
45. 银行 11
46. 胡子 8
47. 船 (驾船游玩) 19
48. 聊天、闲谈 15
49. 美、好看 6
50. 晴朗、好 (天气) 19
51. 许多 5
52. 黄油 10
53. 好、很 1
54. 当然 3
55. (车) 票 12
56. 白的 8
57. 蓝的 18
58. 金黄色的、金栗色的; (头发) 金色的 8
59. 喝、喝酒 24
60. 盒 9
61. 好的 7
62. 你好！1
63. 蜡烛 10
64. 瓶 10
65. 好！真棒！4
66. (皮肤) 晒成古铜色的 19

67. 褐色的、棕色的; (头发) 棕色的 8
68. 办公室 13
69. 公共汽车 11
70. 这个 5
71. 唔哇！(用于加强肯定语气，表示惊讶) 23
72. 礼物 6
73. 咖啡 9
74. 这得喝酒庆祝 10
75. 这进行得很顺利 20
76. 够了 19
77. 行、可以 1
78. 著名的 6
79. 单身的、单身汉 17
80. 樱桃 9
81. 这多少钱？9
82. 热、热天 19
83. 房间、卧室 21
84. 运气、幸运 18
85. 改变、变换 23
86. 帽子 21
87. 城堡 12
88. 天热 19
89. 鞋子 19
90. 昂贵的、价格高的 9
91. 寻找 11
92. 头发 8
93. 在...家 12
94. 中国人 4
95. 巧克力 10
96. 电影、电影院 5
97. 通行、往来 22
98. 古典的、传统的 21
99. 作为 10
100. 和这一样的 21
101. 像平常一样、同往常一样 10
102. 开始 20
103. 如何、怎样 1
104. 怎么样？你好吗？1
105. 音乐会 7
106. 果酱 13
107. 认识、听说过; 知道 3
108. 继续 20
109. 伙伴 15
110. 课、课程 20
111. 购物、买东西 (日用品、食品) 10
112. 羊角面包 1
113. 首先 22
114. 同意！5
115. 在...里 3
116. 跳舞 5
117. 站立、起来 13
118. 十二月 12
119. 装饰画家、室内装饰家 18
120. 已经 23
121. 午餐、吃午饭 14
122. 美味的、可口的 9
123. 明天 8
124. 要求、问 11
125. 半、一半的 13
126. 赶快 (做...) 13
127. 自...以后、自...以来 18

128. 最近的、刚过去的 15
129. 抱歉、遗憾 4
130. 饭后点心、甜点 10
131. 讨厌、不喜欢 5
132. 第二 11
133. 在...前面 11
134. 变成、变得 23
135. 应该、必须 21
136. 不同的、不一样的 22
137. 难的、困难的 17
138. 星期天 12
139. 晚餐 15
140. 吃晚饭 12
141. 说 24
142. 直接的、直达的 11
143. 告诉我 21
144. 争吵、吵架 24
145. 医生、大夫 14
146. 睡觉 5
147. 冲淋浴 13
148. 直着走 11
149. 水 22
150. 逃走、逃离 24
151. 披肩、长围巾 19
152. 学校 13
153. 经济、经济学 2
154. 听 22
155. 写 22
156. 高雅的 21
157. 她、它 (指代第三人称单数阴性名词) 4
158. 塞车、堵车 24
159. 对面、在...对面 23
160. 还、仍 13
161. 孩子 9
162. 最后、终于 23
163. 巨大的、异乎寻常的 24
164. 一起 6
165. 然后 15
166. 听见 24
167. 企业 17
168. 进入 24
169. 娶、嫁 16
170. 西班牙人 4
171. 试、试穿 11
172. 而、那么; 和 3
173. 那还用说！那当然！21
174. 夏季、夏天 20
175. 是 2
176. 学、学习 17
177. 大学生 3
178. 欧元 9
179. 他们 (重读形式) 19
180. 完全如此 20
181. 考试 20
182. 出色的、极好的 7
183. 请原谅、对不起 2
184. 存在 22
185. 展览、展览会 12
186. 容易的 11
187. 做 5
188. 注意！小心点儿！21
189. 社会新闻、杂闻 24
190. 家庭 15
191. 面粉 10
192. 累人的 18
193. 疲劳的、疲乏的 13
194. 应该、必须 9
195. 女人 15
196. 节日 21

197. 女儿 16
198. 影片 7
199. 儿子 16
200. 已结束的、完了的 17
201. 结束、完成、用完 20
202. 疯狂、挥霍 21
203. 足球 5
204. 法国人 2
205. 兄弟 15
206. 炸土豆条 10
207. 天冷 19
208. 水果 9
209. 看守人、警卫 24
210. (火) 车站 11
211. 蛋糕、糕点 1
212. 人们 22
213. (羊、鹿等的) 后腿 10
214. 大、高大 8
215. 祖母、外婆 16
216. 祖父、外公 16
217. 大的、胖的、厚的 19
218. 穿衣 13
219. 居住、住在 3
220. 豆角、四季豆 9
221. 嗯？(表示疑问、惊奇、征求意见等) 22
222. 小时、时间
223. 有表、知道时间 13
224. 幸好 20
225. 昨天 15
226. 人、男人 21
227. 旅馆 24
228. 这里 3
229. 主意、想法 7
230. 他、它 5
231. ...之前 22
232. 他们、它们 7
233. 重要的 21
234. 不可能的 22
235. 不可相信的、难以置信的 17
236. 信息处理专家 2
237. 工程师 17
238. 供水泛滥、水灾 22
239. 有趣的、有意思的 3
240. 询问 24
241. 邀请 22
242. 伊朗人 6
243. 爱尔兰人 16
244. 意大利人 4
245. 一月 22
246. 日本人 2
247. 黄的、黄颜色的 21
248. 爵士乐 7
249. 我 2
250. 星期四 14
251. 年轻的 6
252. 请别客气 2
253. 漂亮的、好听的 3
254. 天、日子 14
255. 报纸 22
256. 记者 2
257. 一天、白天 14
258. 柔道 4
259. 六月 20
260. 正好、恰巧 23

261. 公斤、千克 9
262. 那儿 17
263. 奶、牛奶 9
264. 蔬菜 9
265. 信 22
266. 他 (她、它)们的 15
267. (做间接宾语的)他们、
    她们、它们 24
268. 有空的、自由的 8
269. 阅读 5
270. 公升 9
271. 远 11
272. 长 8
273. 长期 16
274. 他、它 4
275. (做间接宾语的)他、
    她、它 24
276. 星期一 14
277. 眼镜 8
278. 高中 21
279. 夫人、太太 1
280. 小姐 6
281. 杂志 6
282. 了不起的、
    棒极了 6
283. 瘦 8
284. 现在 16
285. 但是 4
286. (在)家 15
287. 吃、吃饭 15
288. 星期二 14
289. 丈夫 16
290. 硕士、
    硕士学位学习 17
291. 早晨 14
292. 收拾房间 15
293. 谢谢 1
294. 星期三 14
295. 母亲 16
296. 女士们 2
297. 先生们 2
298. 地铁 11
299. 放、置于;
    (ici) 戴上、穿上 19
300. 中午 13
301. 分钟 11
302. 我（重读形式）1
303. 少于、不到 14
304. 比...更不... 21
305. 我的... 15
306. 教练员 23
307. 先生 1
308. 山 23
309. 死、死亡 18
310. 摩托车 5
311. 音乐家 7
312. 出生 18
313. 下雪 19
314. 不是吗?
    是不是? 3
315. 黑的、黑色的 21
316. 名字 23
317. 不 2
318. 我们的 16
319. 我们 6
320. 新的 7
321. 夜、夜间 24
322. 深夜 24
323. 蛋、鸡蛋 10
324. 啊，是吗? (表示惊讶、
    赞叹等) 23

325. 人们、大家 7
326. 歌剧、歌剧院 5
327. 柑、橙 9
328. 计算机 17
329. 或、或者 10
330. 哪里、什么地方 7
331. 是、对 1
332. 包、盒、袋 9
333. 雨伞 19
334. 因为 24
335. 对不起! 原谅、宽恕 2
336. 父母、双亲 15
337. 例如 10
338. 完美、很好 10
339. 说、谈论 3
340. 出发、动身 12
341. 到处、各处 16
342. 不同意! 23
343. 根本不...、
    一点儿也不... 3
344. 不成、不行 13
345. 不怎么样 21
346. 通过、经过、
    度过 15
347. 通过 22
348. 画家 6
349. 在...期间 17
350. 迷路的 11
351. 父亲 16
352. 时期、期间 18
353. 小的 6
354. 早餐 13
355. 一点儿 4
356. 也许、可能 19
357. 哲学 20
358. 照片 6
359. 摄影师 6
360. 海滩 5
361. 餐盘、一盘菜、主菜 10
362. 下雨 19
363. 比...更... 21
364. 以后，过后 17
365. 倒不如、宁可 21
366. 鱼 10
367. 警察 24
368. 土豆 9
369. 桥、桥梁 22
370. 手机 22
371. 门 20
372. 可能的 14
373. 职位、
    工作岗位 17
374. 为了...、对于... 6
375. 为什么 24
376. 能够、可以 14
377. 珍贵的 21
378. 更喜欢 5
379. 第一的,
    最前面的 11
380. 拿、取; 买、
    购买 9
381. 选取(道路); 搭、
    乘(交通工具) 11
382. 准备 13
383. (很)近 11
384. 几乎 15
385. 春天 20
386. 问题 8
387. 下一个的、
    即将到来的;
    最近的 14

388. 教授、教师 20
389. 教授、教师 2
390. 计划、规划、
    项目 14
391. 建议 23
392. 什么时候 14
393. 四分之一、
    一刻钟 13
394. 什么样的、
    多大的 6
395. 几个 24
396. 某个人、有人 11
397. 马尾辫子 8
398. 什么? 23
399. 叙述、讲 17
400. 无线电广播、收音机 22
401. 失败、没有搞好 20
402. 你看! 6
403. 看、观看 20
404. 遇到 17
405. 约会 14
406. 开学 20
407. 回来 19
408. 报道、报道影片 22
409. 休息 19
410. 饭店、餐馆 3
411. 待、停留 18
412. 相见、见面 14
413. 成功 20
414. 醒来 13
415. 没有任何事情、没有任何
    东西 15
416. 连衣裙 21
417. 角色 23
418. 玫瑰、玫瑰色的 18
419. 红的、红色的 21
420. 褐色的、红棕色的;
    褐色头发的、
    红棕色头发的 8
421. 街、路 4
422. 生菜 9
423. 星期六 12
424. 不同...一起、不带...、
    没有...19
425. 知道 21
426. 雕塑家 18
427. 星期、周 15
428. 半年、(每个学年分成两
    个学期的) 学期 20
429. 塞内加尔人 2
430. 九月 20
431. (餐厅、咖啡馆)服务员、
    侍者 23
432. 单独的、独自的 24
433. 滑雪 23
434. 姐妹 16
435. 晚上 14
436. 太阳 19
437. 太阳(大太阳下) 24
438. 他 (她、它)的... 15
439. 出去、出门 21
440. 在...下面 22
441. 纪念物 21
442. 经常、常常 18
443. 体育、运动 5
444. (飞机、客轮上的)
    男服务员 18
445. 糖 10
446. 瑞士人 2
447. 真棒、顶呱呱的 4
448. 极好的 9

449. 在...上面 12
450. 讨人喜欢的、
    亲切友好的 8
451. 画、画作 18
452. 奶油水果馅饼 10
453. 电话 22
454. 电视 15
455. 天气 19
456. 茶 16
457. 剧场 17
458. 瞧! 啊! 1
459. 害羞的、腼腆的 23
460. 你 (重读形式) 3
461. 西红柿 9
462. 爱上了(某人) 23
463. 你的... 16
464. 游客、旅游者 4
465. 整个的、全部的 14
466. 首先 24
467. 立即、马上 12
468. 每个人、所有人 10
469. 总是、永远 24
470. 火车 12
471. 安静地、放心地 24
472. (一份、一件)工作 17
473. 工作、干活 2
474. 很、非常 1
475. 第三 11
476. 太、过分地 19
477. 找到 17
478. 你 (主语) 3
479. 嗯、啊(强调主观意识、
    主张等) 21
480. 杀死 24
481. 土耳其人 12
482. 有点儿、少许 4
483. 大学 20
484. 假期 5
485. 母牛 24
486. 生活 (动词vivre的过去分
    词) 18
487. (骑) 自行车 19
488. 星期五 12
489. 来 7
490. 绿的 16
491. 兽医 17
492. 肉、肉类 10
493. 老的 23
494. 快、迅速地 13
495. 生活 16
496. 这就是 1
497. 看见 12
498. 邻居 23
499. 车、汽车、轿车 12
500. 贼、小偷 24
501. 您的、你们的... 16
502. (我) 愿意、
    希望、想要 11
503. 要、愿意 17
504. 您、你们、你 1
505. 旅行、旅程 12
506. 旅行、游历 18
507. 真的、真实的 9
508. 真正地、的确 23
509. 周末 12

N° d'éditeur : 10172528 - Février 2011
Imprimé en France par I.M.E. - 25110 Baume-les-Dames